묵은 갈대

묵은 갈대

장병선 수필집

한국문화사

책을 내면서

무술년 새해가 밝았다.

서재에 들어서니 웅성웅성한다. 책장에서, 서랍에서, 탁자 위에서, 컴퓨터 안에서까지도. 새해엔 한 대문 안, 신방으로 시집 보내달라는 나의 피붙이 같은 글들의 아우성이다.

꼭지를 세어보니 60편, 신방 차릴 때가 되었다. 하지만 마음 한쪽이 찜찜하다. 덜 여문 열매를 따는, 좀 더 숙성시키지 못한 채 설익은 알갱이를 묶는 그런 기분이다. 늘 주위에 쫓기며 살아가는 조급함이지 싶다.

어느 날에나 홀가분한 마음으로 글을 시집 보낼 수 있을까. 그렇게 묶을 날이 오기나 할는지? 하지만, 전에 하던 다짐을 또 한다. '글 쓸 때 잘 써야지.' 거듭거듭 다그치다 보면 혹시 빨갛게 익은 열매로 책 한 권 묶지 않을까 하는 어설픈 기대를 하면서….

가만히 오창익 교수님을 생각합니다. 늘 미숙한 글을 과분하게 격려해 주셨습니다. 그것이 큰 힘이 되었습니다.

일곱 번째 저의 수필집 발간을 기꺼이 맡아 주신 한국문화사 김진수 사장님을 비롯한 임직원 여러분에게 고마움을 전합니다. 아울러 책명을 써 주시고 표지화까지 그려주신 수암 장순월 선생님께 감사를 드립니다.

2018년 1월

월미 농장에서 장병선

차례

1부 푸른 겨울

눈인사__13
참새의 절규__16
마니산이 주는 선물__19
이원익 재상의 리더십__22
알찬 문학 기행__29
양지陽地__33
귀거래 다방의 추억 __35
입신立身의 빚__41
걸림돌과 디딤돌__44
푸른 겨울__46

2부 글이 전파를 탄다

손에 손잡고__53
까치집__55
나는 몇 권의 책을 읽었을까__59
옆 보고 크는 나무__62
낙우송__65
그해 봄, 그리고 7년__68
봄바람 좀 들어 봤으면 __72
공중화장실의 행복__74
말표, 그 하얀 고무신__77
글이 전파를 탄다__81

3부 묵은 갈대

지문이 다 닳은 줄도 모르고__86
윤동주, 별과 시와 그의 삶__90
세 번의 기회__101
뜻밖의 폭풍우__105
굳은살__107
호칭의 벼슬 __109
나목 앞에서__112
작은 배려__115
아, 한줄기 소낙비__120
묵은 갈대__123
Old Reeds__127

4부 징 소리

정상 오르기__135
스트레스를 좀 받아야 건강하다 __139
숫눈길__144
향나무__146
세한에 세한도를 공부하는 뜻은__149
봄, 소망의 봄__154
난蘭을 키우며__156
만남, 길 열어가는__158
고독, 감수해야 할__161
징 소리__165

5부 개나리꽃 앞에서

겨울 소리__171
주목, 곱게 오래 사는__174
붉은 치마들 __177
어머니의 사철, 나의 사철__182
손풍기__187
인심, 박해져 가는__190
땀이 주는 맛, 맛, 맛__195
밭 방석__197
정다운 마음이 좋은 작품을 낳는다__199
개나리꽃 앞에서__204

6부 그리움은 기다림이다

꿀잠__209
산은 혼자 살지 않는다__211
외로운 수은행나무들__213
긴 여행, 긴 보람__215
옥산서원을 찾으며__220
국수와 우동__226
까마귀 소리, 까치 소리__231
스마트 시대, 가로수도 춤추는__235
도전이 준 영광 __239
그리움은 기다림이다__244

1부
푸른 겨울

나무 심을 땅이 없다고,
공간이 좁다고
머무적댈 일이 아니다.
아파트 베란다면 어떠랴,
늘푸른 분재 몇 개를
들여놓아야겠다.

눈인사

출근길, 여의도역에서 낯설지 않은 여인이 눈인사를 건넨다. 미소 띤 환한 얼굴, 얼떨결에 나도 목례目禮한다.

언제 어디에서 만났는지 기억이 묘연하다. 같은 아파트 엘리베이터에서 몇 번 만난 이웃일지 모르지만, 그 얼굴이 눈앞에 어른거린다. 사무실 창밖을 내다보며 커피를 마시는 내내 그 환한 표정이 꽃처럼 흔들린다. 다시 만날 땐 말이라도 건네봐야지.

그런 기대 때문인지 온종일 기분이 좋다. 좀처럼 진전이 없던 글쓰기도 뒷말이 꼬리를 물며 실처럼 술술 풀려나온다. 눈인사 한 번 받고 답례한 게 이런 동력이 될 줄이야.

그동안 얼마나 많은 기회를 놓쳤을까? 아침마다 전철을 타고 출근하다 보면 역에서 나온 사람들의 눈은 하나같이 스마트폰에 가 있다. 화면을 보며, 그으며 걷는다. 오가는 이 모두가 그렇다.

나 또한 예외가 아니다. 에스컬레이터에서 발을 떼자마자 으레 손전화를 열고, 각종 SNS를 확인하며 걷는다. 그런데 비둘기 한 쌍이 내 앞을 스치듯 훨훨 날아가고 있어, 슬쩍 고개 들어 쳐다보는 순간 그 여인과 시선이 마주쳤으니, 인연인 듯싶다.

'눈인사, 참 중요하다'란 생각이 든다. 스마트폰이 편리하긴 하지만, 그 이기利器 때문에 놓치는 게 많다. 손 흔드는 가로수의 반김을, 훨훨 하늘을 나는 철새들의 날갯짓을, 아침을 여는 맑은 햇살을…. 그것보다 안타까운 것은 오가는 사람을 그냥 지나친다. 손잡고 반가워할 지인이 지나도 모를 일이다. 눈이 화면에 가 있으니, 사람을 몰라보는 건 당연하다.

그동안 눈인사도 못 나누고 지나쳤을 사람들이 아쉽다. 뭣이 그리 급해 화면에서 눈을 떼지 못했을까. 나야말로 요즘 책 읽고 글 쓰며 한가한 시간을 보내고 있지 않는가! 그런 내가 무엇 때문에 촌음을 아껴 쓰는 직장인들처럼 스마트폰 화면에 집착하게 된 걸까?

직업상 실시간으로 들어오는 사건·사고 뉴스나 증권 시세 등에 촉각을 곤두세워야 하는 현업원들이 화면에 눈을 굴리고 있어, 나도 무심결에 따라 했을 것이다. 시간에 쫓기지 않으면서도 흐르는 물결에 그냥 실려 다닌 자신! 줏대 없이 남의 그림자만 쫓은 '삶의 지각생'이 이래서가 아닌가.

때론 시시각각 일어나는 사건 뉴스나 세상 돌아가는 사정을 아는 것도 중요하지만, 지나쳤을 소중한 사람에 비견할 수 있겠느냐는 생각이 든다. 지금 내 곁을 지나가는 이도 언젠가 다시 만나거나 앞으로 눈인사할 인연으로 이어질 사람이지 싶다.

아는 이가, 내가 그리는 사람들이 지나갔을지도 모른다. 만나서 오순도순 긴 얘기 나눌 이도, 차마 속내를 내비치지 못하고 얼굴이 저절로 붉어지는 이도 더러 있었을 거다. 다시 만날 수 없는 그런 사람들을 지나쳤지 않았는가. 어쭙잖은 일이다. 손전화 읽는 거로 몇 년에 한 번 만날까 말까 한 '꽃' 같은 사람을 놓쳐서야!'

그런 회한 때문인지 퇴근길에 손전화를 아예 가방 깊숙이 넣는다. 오가는 이의 얼굴을 읽는다. 행여 아침에 본 그 여인이 걸어올까. 낯익은 얼굴이 또 눈에 띌까? 지금부터 '낯익은 이가 보이면 미소 띤 얼굴로 내가 먼저 눈인사를 해야겠다'라며 두 눈을 두리번거린다. 걸으면서 되뇐다.

'내가 남을 보지 않으면 남도 나를 보지 않는다.'

참새의 절규

"짹 짹짹~"

농장 가는 길, 시흥시 월미마을 들머리 감나무에 참새가 감처럼 달려 있다. 부리를 위아래로 그어대며, 서로 눈짓해가며 조잘댄다. 무슨 얘기인지 잘 모르지만, 마치 내게 성토하는 듯하다. 가깝게 다가갈수록 요란스럽다. 오늘만이 아니다. 어제도 그제도 그끄제도 그랬다.

'아차!' 싶다. 우리 조경수밭에 살던 새들이 이리로 날아온 것일까? 그러고 보니 제초제를 뿌린 후부터 새소리를 듣지 못한 것 같다. 제초제 살충제를 뿌린 건 나만이 아니다. 마을 사람들도 논밭에 농약을 뿌리곤 한다. 보건소 모기약 살포차도 마을 골목을 돌며 시궁창이나 덤불 등지에 살충제를 살포한다. 비 오듯 뿌려대는 독한 약 냄새에 견디지 못한 참새들이 이 감나무에 모여들었지 싶다. 텃새가 제 터전을 잃고, 감나무에 피난 와 산다.

귀엽게 여기던 참새, 어릴 적 생각이 난다. 보드라운 하얀 속옷 위에 갈색의 겉옷을 입고 걷는 듯 나는 듯 폴작폴작 뛰던 작은 몸매.

실 같이 가는 발가락이 땅에 닿을 때마다 안쓰러워하며, 그 뒤를 따라다니곤 했다. 작은 체구이지만 마음은 넓고 포근했다. 땅바닥에 떨어진 먹이들을 보면 혼자 줍지 않았다. 이웃에 있는 새들과 함께 날아가 같이 먹는 후덕한 마음씨, 본받고 싶었던, 내게 부족한 인심仁心이었다.

마을의 논밭 · 숲, 우리 집 울타리 등지에 살며 봄여름이면 나비, 나방, 메뚜기, 거미류를 잡아먹고, 가을과 겨울에는 들에 나가 벼와 식물의 낟알을 따 먹는다. 마을 사람들이 지은 곡식을 먹기 때문에 해조害鳥이기도 하지만, 해충을 잡아먹는 익조益鳥이기도 하다. 배울 게 많은 참새, 나보다 부지런하다.

'일찍 일어나는 새가 먹이를 잡는다.'라는 속담처럼 아침에 눈을 뜨면 마당 두지 주위를 돌며 먹이 쪼던 조조早鳥. 어미가 물어온 먹이를 처마 속 '새끼 새' 입에 건네주던 정겨운 모정. 벼가 누렇게 익어가는 가을이면 마을 앞 논에 나가 쳐놓은 줄을 당기면, 3~4m씩 후루룩 날아가 벼알을 쪼던 참새떼. 집에서나 들에서나 우리와 더불어 살던 텃새였다.

한집안 식구 같았다. 하고 많은 새 중에 '참새'라고 부르는 것도 우리 일상과 가까이하는 '참다운' 새이기 때문이다. 인심이 박한 집을 가리켜 '참새 한 마리 날아오지 않는 집'이라고 한다. 또한, 참새가 많이 날아드는 마을을 '복 마을'이라고도 한다. 낟알이 흩어진 방앗간 있는 부유한 마을에 조르르 찾아드니 그럴 만도 하다.

세상이 변했다. 인간도 변했다. 먹을거리가 옛날보다 많아진 사람들이 '갑질'을 한다. 참새·벌레·풀의 처지는 살피지 않고 수시로 농약을 뿌려댄다. 푸른 숲은 누렇게 말라가고 벌레와 새들이 죽어간다. 새의 먹이가 없어져 가는 이유다. 그것만이 아니다. 인간은 매정하게 들에도 벼알 하나 남기지 않는다.

콤바인이 나락을 훑는다. 낟알 하나 떨구지 않는다. 어쩌다가 한두 알 붙어있을 볏짚마저 하얀 비닐에 싼 채 소의 먹이로 옮겨간다. 수채나 시궁에 밥알이 더러 보이긴 하지만, 약 냄새가 나서 먹을 수 없게 된 지 오래다. 인심人心이 각박하다.

이제 알을 까고 새끼를 키우던 보금자리, 짚의 처마도 없어지고, 같이 모여 살던 서식지, 덤불도 약 냄새로 들어갈 수 없는 처지. 거기에다 해충을 잡아먹는다는, 대대로 내려온 익조의 역할도 하지 못하게 된 신세. 조상으로부터 물려받은 텃새란 명분마저 잃어간다. 독기毒氣 없는 데가 어디일까. 우르르 날아든 마을 앞 감나무다.

거기밖에 앉을 데가 없는 참새, 슬픈 현실이다. 마을 사람들은 참새가 반 이상 사라졌다고 한다. 먹이도 잠잘 데도 없는 텃새, 의사 표현을 할 수 있는 것이라곤 오직 '짹 짹짹~', 어릴 적 노랫말로 들리던 그 소리가 애절하게 들린다. 아니, '시위 구호'로 들린다. '못 살겠다.'란 통분痛憤의 절규絶叫로 들린다. 살려달라는 '곡소리'로 들린다.

그래선지 농장을 들를 때마다 내 발걸음을 붙든다.

마니산이 주는 선물

'산'의 고마움을 잊고 살기 일쑤다. 북악산과 남산이 그러하듯 강화의 마니산도 예외가 아니다. 전등사에 여러 번 들렀지만, 영산靈山이란 그 산을 한 번도 찾아보지 못했는데 이메일을 받는다.

강화도에 사는 친구가 단풍 구경하러 마니산摩尼山(472m)에 오르잖다. '절경지'란 말에 은근히 기대하며 그의 뒤를 따른다.

상방리上坊里 매표소에서 계단 길로 들어선다. 시월의 햇살이 붉게 물든 단풍잎에 내리쬔다. 아침 이슬에 젖은 잎들이 방금 세수한 얼굴처럼 반질반질하다. 맑은 공기에 파란 하늘, 이만한 가을 날씨도 드물지 싶다.

도토리가 '툭' 소리를 내며 떨어진다. 새끼손가락 끝 마디만 한 크기에 초콜릿처럼 짙은 갈색빛이 돈다. 땡글땡글한 얼굴, 뒤집어 보니 아래쪽은 엷은 베이지색이다. 이런 열매를 깍지로 에워싸서 키우고 익혀 온 어미 나무가 장하다. 그렇게 알뜰히 살기에 참나뭇과에 속한

상수리나무이지 싶다. 밤송이가 널브러져 있다. 밤나무 가지엔 송이송이 입을 벌려 내리쬐는 햇살에 열매를 익히고 있다. 바닷바람에 익은 밤이라서 그럴까. 생밤을 주워 까먹는 맛이 유별나다.

영산엔 이토록 나무들이 알알의 열매를 익힌다. 나무는 대를 잇고자 열매를 맺겠지만, 더러는 산짐승의 먹이로, 인간의 먹을거리로 내어준다. 그러한데 이 가을에, 내 인생 가을에 나는 무슨 열매를 익히고 있는지 의구심이 인다.

한참을 걷다 보니 어느덧 참성단塹城壇(사적 136호)에 올라선다. 성스러운 기운이 돈다. 백오십 살의 소사나무 아래에 돌로 쌓은 둥근 기단基壇 위에 네모진 커다란 제단이 있다. 단군이 개국하고 하늘에 제사를 지냈다는 단이다. 삼국시대 이래 임금이 백성과 더불어 국태민안國泰民安을 기원하며 제를 올리던 곳이다. 지금도 해마다 강화군청 주관으로 개천 대제大祭를 지내고, 전국 체전 때는 성화를 채화採火하는 신성한 제단이다. 이처럼 마니산에 참성단이 있어 우리가 평안한 삶을 누리지 싶다.

단풍잎이 비 오듯 떨어지는 제단 앞은 절경이다. 저 멀리 산자락 아래 바둑판처럼 정지整地된 황금 들녘, 그 너머로 출렁대는 물결 위에 떠 있는 섬과 섬들. 산과 들과 바다의 경관이 눈 앞에 펼쳐진다. 끝없이 아득한 바다에서 밀려오는 푸른 물결에 비치는 햇살이 황금처럼 반짝인다. 대여섯 척의 어선이 떠 있는 전망이 그림 같다. 아침에 이곳 오는 차 안에서 읽었던 시구가 새록새록 실감난다. 인하대 서영대 교수가 기술한 이강李岡(고려 공민왕 때 인물)이 읊었던 참성단 시구. “눈은 천 리 밖을 바라보며 몸은 구중九重 하늘에 있는 듯하다己得眼看千里地 況疑身在九重天.” 이곳 참성단 절경을 잘 형상화한 시다. 이처럼 경치가 빼어나고 성스럽기 그지없는 사적지를 왜 진작 찾지 못했던가?

사진을 찍으며 주위를 돌고 있으니 친구가 내려가자고 채근한다. ‘함허동천涵虛洞天’이란 안내 표시판을 따라 걸으니 머루·다래를 따러 다니는 사람들도 눈에 띈다. 바람이 불 때면 나뭇잎이 우수수 떨어진다. 선선한 공기를 마셔서인지 여느 단풍보다 곱게 보인다.

40여 분 내려오니 산속 계천 물이 콸콸 흐른다. 물이 맑디맑다. 친구의 말로는 산도 겨울을 나려고 제 몸의 물을 덜어낸다고 한다. 그래서 그 물을 일컬어 추수秋水라고 한단다. 바다가 가깝게 보여서 합류하려는 추수일까. 비가 오지 않았는데도 수량이 제법 많다.

떨구고 덜어내는 계절, 마니산이 품은 상수리나무·밤나무·단풍나무 등이 제 잎과 열매를 떨구고 있다. 산은 겨울에 얼지 않고자 제 몸의 물기를 덜어낸다. 겨울나기 준비에 온 산이 바쁘다. 인생 겨울을 살아갈 나는 무엇을 얼마나 떨구고 덜어내야 할지 생각하게 한다.

영산이 선물을 준다. 봄여름에 열매를 달아, 가을에 익혀, 떨구고 덜어내야 할 깨우침을, 서해의 절경을, 그리고 참성단이 있어 우리의 평안한 삶을. 고마워서인지 내려오면서 몇 번이나 마니산을 흘긋흘긋 되돌아본다.

이원익 재상의 리더십
-그의 맑은 향기

맑은 삶엔 진한 향기가 있으며 사람을 끄는 리더의 힘도 있다. 사회가 부패로 어지럽거나, 삶이 궁하다고 느낄 땐 그 맑은 향기가 더 그리워진다.

조선 세종대부터 150여 년은 태평성대였다. 명종대(1545～1567)에 들어서면서 척신戚臣정치 폐해로 왕정이 흔들렸다. 선조에 이르러 대내적으론 동서로 갈라져 붕당정치가 치열하게 전개되고, 대외적으론 임진왜란과 병자호란을 겪으면서 국제적 긴장이 고조된 격동기였다. 그 시대에 국정의 중심에서 정국을 합리적으로 수습했던 대표적 명재상 오리梧里 이원익李元翼(1547～1634)의 리더십이 있었다.

오리는 선조 2년(1569)에 과거 급제한 후 관직에 부임했다. '백성을 편안하게 하는 게 나라를 튼튼하게 한다'는 원칙과 신념을 행동으로 실천해, 그 능력을 인정받았다. 순조롭게 호조·예조·이조 판서에 올랐다. 임진왜란 비상상황 때 군무를 총괄하는 도체찰사都體察使와 정승의 업무를 겸직해, 전시 조정을 이끌고 전투를 지휘했다. 7년 전쟁 기간 내내 줄곧 중임을 맡고 전장을 누비면서, 민심 수습, 병사모집 및 군수조달에 전력을 기울였다.

1597년 정유재란丁酉再亂 후 이원익은 신하로서 최고의 지위에 올랐다. 좌의정을 거쳐 1599년(선조 32), 영의정에 제수됐다. 신념과 원칙을 견지한 '맑은 삶'의 덕이었다. 검소하게 살면서 나라에서 주는 자신의 녹봉祿俸도 생활이 어려운 백성에게 나눠줬다. 임진왜란 동안 그는 이순신을 변함없이 옹호한 거의 유일한 대신이었다. 선조 29년 류성룡마저 이순신을 비판할 때도 이원익은 "경상도의 많은 장수 중에서 이순신이 가장 뛰어나다"면서, "그를 교체하면 모든 일이 잘못될 것"이라고 주장했다.

그 후 선조는 이원익을 완평부원군完平府院君에 책봉했다. 이원익에게 가장 잘 어울리는, 그의 됨됨이를 가장 적절하게 표현한 봉호封號였다. '완完'은 모자람이, '평平'은 치우침이 없다는 뜻으로, 그의 빈틈없는 공평한 업무처리에서 비롯됐다. 중국에 사신으로 가는 질정관質正官을, 지방을 다스리는 지방관을, 나랏일을 총괄하는 정승을 시켜도 맡은 일을 완벽하게 수행했다고 내린 책봉이었다.

이어서 광해군도 즉위와 함께 그를 영의정에 임명됐다. 이원익은 국정 전반에 과감한 개혁책을 내놓았다. 임진왜란 후 민심을 수습하고 방납防納*의 폐단을 바로잡고자 백성 모두가 원했던 대동법大同法*을 만들어 시행했다. 세제의 공정과 재정 확보에 이바지했다. 임금에 대한 쓴소리도 아끼지 않았다. 광해군의 성격이 난폭해지자 그는 신변의 위험을 무릅쓰고 끊임없이 임금에게 간언諫言했다.

"여색을 줄이고, 형제간에 우애 있고, 대비大妃에 대한 효행을 하며, 나랏돈을 절감하자"는 조언을 서슴지 않았다. 하지만 광해군이 이를 받아들이지 않아, 그는 미련 없이 영의정을 그만두고 고향으로 내려갔다. 또한, 재임 기간 중 영창대군의 어머니인 인목대비 폐출 움직임에 강력히 반대하다가 홍천과 여주로 유배를 가기도 했다.

인조가 집권한 후 다시 영의정에 부름을 받았다. 민생을 위한 정책을 펼치고, 도체찰사 자격으로 '이괄의 난'*을 수습하는 데에도 이바지했다. 북방 여진족의 침입이 가시화됐을 때 이미 80대 중반의 고령이었지만, 국가 원로로서 임진왜란의 참전 경험을 바탕으로 전쟁에 대한 대비책을 제시하면서, 끝까지 현역으로 활동했다.

선조 · 광해군 · 인조, 삼대에 걸쳐 국가 요직을 맡아, 정치, 경제, 사회, 국방의 다양한 현안을 합리적으로 해결하고 수습하는 역할을 했다. 당쟁이 치열하게 전개된 시대에도 소통과 포용의 리더십을 발휘했다. 어느 한쪽 당파에 치우치지 않고 국가의 현안을 공명정대하게 처리한 그의 합리적인 리더십은, 3대에 걸쳐 여섯 번의 영의정과 네 번의 도체찰사를 맡는 진기록을 세웠다. 평소 검소하고 맑게 살아온 조선조 대표 청백리로 평가받았다.

특히 조선 시대 최대의 위기였던 임진왜란 당시 도체찰사로서 명나라와의 전시 외교를 성공리에 수행했다. 이순신과 곽재우 등 뛰어난 장수를 발굴, 지원하는 등 전란 극복에 큰 공을 세웠다.

형식이나 체면에 얽매이지 않는 소탈한 성격으로 기억력이 뛰어났다. 글을 읽으면 그대로 줄줄 외웠다. 한 번 만난 사람은 그 이력과 됨됨이를 환히 꿰고 있어 주위를 놀라게 했다고 한다. 청렴하고 올곧았던 게 그의 리더십의 뿌리였다. 감히 내가 바라볼 수 있는 대상은 아니지만, 그의 소박하고 청렴한 맑은 정신은 내 삶의 귀감이 된다.

한국사에 정통했던 다산 정약용(1762~1836)이 오리의 초상화를 쳐다보며 그의 업적을 격찬했다. "이원익 한 사람의 공로로 나라가 평안할 수 있었고, 백성이 궁핍을 면할 수 있었으며, 외적外敵이 쫓겨났고, 윤리 도덕이 융성했다."

조선이 여러 번의 전란 속에서 나라가 망하지 않고 버틴 것은 기적과 같은 일이다. 그 위기를 견디고, 극복할 수 있게 한 최대의 공로자는 누구일까? 여러 자료가 말해준다. 무武에선 이순신, 문文에선 이원익을 꼽을 수 있다고 한다. 이순신 본인이 남긴 말에서도 이원익의 임진왜란 역할을 엿볼 수 있다. "나의 힘이 아니라, 상국*의 힘이다非我也 相國也."

이원익은 청렴하고 유능했다. 유능하되 청렴하지 않았다면 사리사욕을 위해, 자신 또는 제 파벌을 위해 나라와 백성의 이익을 저버렸을 것이다. 청렴하되 유능하지 않았다면 백성을 위해 울어줄 수는 있어도, 백성의 눈물까지 닦아줄 수는 없었을 것이다. 그는 유능했기에 중국어를 현지인처럼 구사하고, 수령守令 시절에 만든 장부는 율곡 이이李珥를 감탄시켜, 전국에 활용하게 됐다. 현지 도체찰사 때 피폐한 평안도 안주에 뽕나무를 심게 해 백성의 안정된 생활을 도왔다.

말이 무게를 가지려면 말과 그 사람의 행동이 합당해야 한다. 난리를 겪을 때 이원익은 "피난 중이었을 때처럼 경비를 절감해야 합니다"란 말을 임금에게 올려, 귀 기울이게 한 것은 그가 몸소 그렇게 실천했기 때문에 가능했다. 실천, '나는 애들에게 하는 말과 행동이 일치하는가'를 스스로 물어본다.

'청렴'은 맑다. 투명하다. 그의 맑은 마음가짐은 70년간 공직에 있게 한 버팀목이었다. 40년간 정승 자리에서 물러나지 못하게 했던 힘이었다. 또한, '청렴'은 그를 시기하던 사람이나 적대시하던 반대 당파의 함성을 잠재우는 청량제였다.

그의 '맑은 마음' 가짐은 제 자손에게 남긴 '열여섯 글자'의 훈계에서도 읽을 수 있다.

> 남에게 원한을 사지 말라 / 無怨於人
> 나에게 부끄러움을 남기지 말라 / 無惡於己
> 나보다 나은 사람을 보고 뜻과 품행을 닦아라 / 志行上方
> 나보다 못한 사람을 보고 분수를 알아라 / 分福下比

당파 어느 편에도 기울지 않는 '공정한 마음가짐'은 뛰어난 인재가 가장 많았다는 선조 시대에, 임금이 "우리나라에는 오직 이원익이 있을 뿐이다"라고 말했던 것에서 실증된다. 정조가 친히 쓴 치제문致祭文*에서 "내가 이 사람을 재상으로 쓸 수 없어 아쉽다"며 한숨짓도록 했다. 겉보기엔 석 자 세 치[三尺三寸]의 작고 호리호리한 몸이 태산처럼 버티고 서서 가난을 구제했고, 나라와 백성을 구했다.

스스로 편히 살 수 있는 자리에 있었지만, 자신을 위한 재물을 탐하지 않았다. 소박하고 검소한 삶을 생활화했다. 청렴하고 올곧은 삶이었기에 누구에게나 떳떳할 수 있었다. '맑은 삶'은 그의 리더십이었다. 이원익의 몸에 맑은 피가 흐르고 있었기에 유례없는 '장수 정승'과 당시로선 드문 여든여덟까지 '장수의 삶'을 누릴 수 있었다.

조선조 518년 중 가장 다사다난했던 시대에 국정을 맡았다. 이원익 아니면 안 된다고 믿었던 백성의 염원이, 그의 리더십이 세 임금을 모시는 여섯 번의 영의정 자리를 지키게 했다. 1627년 정묘호란丁卯胡亂 때엔 83세의 고령에도 도체찰사로 세자와 왕을 호위했으며 강화도에서 서울로 환도하자, 훈련도감제조訓鍊都監提調 (수도 수비 및 관아의 총책)로 임명됐다.

그러나 고령으로 사직을 청해 고향 금천衿川(지금의 광명시)으로 낙향했다. 일인지하만인지상一人之下萬人之上인 영의정을 역임하고 돌아온 그의 집은 두어 칸짜리 오막살이 초가였다. 조석거리조차 없을 정도로 청빈했다. 여생을 '비바람도 가리지 못하는 초가에서 떨어진 갓에 베옷을 입고 쓸쓸히 혼자 살았다'고 한다. 이런 소식을 들은 인조는 궤장几杖(팔을 기대는 궤와 지팡이)을 하사했다고 전한다.

그처럼 '맑은 삶'은 혼탁한 요즘의 시대에 본받아야 할 공직자의 리더십이다. 비견할 수 있는 입지는 아니지만, 늘 가진 게 적다고 불만하는 내게도 신선한 향기로 다가온다. 380여 년이 지난 지금까지도 그의 '맑은 향기'가 풍겨온다. 그리운 향기, 그리운 재상이다

*방납(防納): 조선 시대에 하급 관리나 상인들이 공물을 백성을 대신하여 나라에 바치고 백성에게서 높은 대가를 받아내던 일.

*대동법(大同法): 조선 중기 후, 여러 가지 공물(貢物)을 쌀로 통일하여 바치게 한 납세제도

*이괄의 난: 인조 2년(1624) 정월에 이괄(李适)이 주동이 돼 일으킨 반란

*상국(相國): 영의정, 좌의정, 우의정을 통틀어 이르는 말

*치제문(致祭文): 임금이 제물과 제문을 보내어 죽은 신하를 제사 지내던 일

(참고자료: '오리대감 이원익 소전(小傳)', '오리 이원익, 그는 누구인가', '이원익-격동의 시대를 살며 소신의 정치를 펼치다', '베옷 입고 고향 돌아온 영의정', '언제나 민생을 염려하노니', 한겨레신문의 '조선 목민관 열전', 매일경제의 '역사의 향기, 영의정 이원익' 등)

알찬 문학 기행

–강화도에 가다

이른 아침 압구정 현대백화점 주차장에 닿는다. 군청색 관광버스에 다가가니 ≪수필문학≫ 강병욱 발행인이 반겨준다.

“어서 오십시오”라며 손을 잡는다. 안내하는 버스에 오르자 K 문인이 기다렸다는 듯이 물 한 병과 김밥 한 줄을 건네준다. 은박지에 쌓인 따뜻한 밥의 온기를 느낀다. 먼저 온 문인들에게 인사하며 창가에 앉는다.

단 한 줄의 김밥이라서 그럴까? 달착지근한 김밥이 입맛에 맞는다. 고슬고슬한 밥과 함께 씹히는 단무지·우엉조림·당근·계란말이가 일미다. 근래 드물게 ‘황금레시피(황금요리)’ 김밥을 즐기는데 오늘 행사를 주최하는 대표가 인사말을 한다.

한국수필문학가협회 강석호 회장과 수필문학추천작가회 김훈동 회장의 따뜻한 환영 인사다. 이어서 참석회원의 소개와 인사가 이어진다. 오경자 부회장이 앉은 순서대로 회원을 소개한다. 오십여 명의 이력을 꿰뚫는 그의 소개말이 돋보인다.

그러는 동안 버스는 강화문학관에 닿는다. 강화가 낳은 고려 시대 대문호 이규보, 조선 시대 가사문학의 정철, 불우했던 천재시인 권필 등의 삶과 문학작품을 둘러보고, 2층에 오른다. 별도로 전시한 조경희 수필문학관을 돌아본다. 선생의 육필원고와 생전에 사용하던 책상, 안경, 미술품 등이 눈길을 끈다. 색깔 바랜 원고지에 쓰인 글을 읽는데 도우미가 다음 목적지로 출발을 채근하다.

선두 따라 밖으로 나오니 언덕 위에 대한성공회 강화성당이 우뚝 서 있다. 우리나라 최초의 한옥 성당이란다. 기도드리던 실내 유물을 돌아보고 돌계단을 내려서니 철종의 생가로 이어진다. 조선조 25대 철종 임금이 왕위에 오르기 전 살았던 기와집을 관람한 후 오늘 본 행사장, 세미나실로 들어선다.

국민의례에 이어 연암수필문학상 시상이 끝나자, 세미나 연사이신 강석호 회장이 마이크를 잡는다. 강화에서 태어난 조경희 선생의 '삶과 문학'을 얘기한다. '여성으로서 언론인으로서 수필 하나를 가지고 우리 한국 문단에 큰 족적을 남겼다'는 사실을 강조한다.

강의를 들으면서 느낀다. 조경희 선생의 집념이 남달랐단 생각이 든다. 당시만 해도 수필이 본격 문학으로 인정받지 못할 때, 수필가로서 문인협회 부이사장 겸 이사장 대행, 예총 회장, 정무 2장관 등을 역임하였다니, 그의 진취적인 사고와 긍정적인 생활이 돋보인다. 특히 남을 위해 배려하고 남의 말을 일절 하지 않았다는 그의 세련된 처세가 내 마음을 두드린다. 평소에 그렇지 못하기 때문이다. 본받아야 할 삶이지 싶다. 그의 수필 '믿음' 중에서 말하는, '참자, 참아'하는 성숙한 생활 방식이 아흔일곱 살까지 장수의 삶을 꽃피웠지 싶다.

어느덧 오후 한 시다. 강의실 옆에 마련한 식당으로 자리를 옮겨 뷔페식 밥을 먹는다. 반찬이 어머니의 손맛이다. 고기볶음, 순무 김치, 콩나물무침 등이 입맛에 딱 들어맞는다. 오랜만에 평소보다 밥 한 공기를 더 먹어선지, 가정식 음식을 조리한 주최 측의 마음 씀씀이가 고맙다.

미처 커피도 다 마시기 전에 우르르 몰려간다. 식당에서 10m 정도 떨어진 야외 순무 김치 담그기 체험장이다. 여성 회원 몇 명이 순무 김치를 현장에서 담가, 희망 회원에게 나눠준다.

저만치서 손짓한다. '수필문학' 이자야 편집국장이다. 시간이 됐다며 승차를 독려한다. 북쪽으로 20여 분 달려 단풍잎 내려앉는 평화전망대에 오른다. 북한 땅을 바라보는 조망실眺望室에 들르니 바다 건너 개성 송악산이 미세먼지 사이로 어렴풋이 보인다.

북한 땅 모형 앞에서 브리핑하는 안내자의 말이다. 육이오 전날 개성에 사는 사람들이 강화에 놀러왔다가 전쟁이 나서 미처 돌아가지 못했단다. 강화에 남게 된 그들이 개성에서 하던 방식으로 인삼을 재배한 게, '강화 인삼'의 효시란 말이 피부에 와 닿는다. 배 타고 나들이올 만큼 북한이 가깝다. 이곳 조망실에서 북한 땅이 2.8km라는 거리가 실감 난다. 보트 타고 개성에 놀러 갈 그 날이 하루빨리 왔으면 하고 두 손을 모은다.

전차·망배당望拜堂·금강산 노래비 등이 있는 야외전시장을 한 바퀴 둘러보고 단체 사진을 찍는다. 쫓기듯 강화박물관과 고인돌 노천 전시장을 관람하고 버스에 오른다.

전등사 입구에 어둠이 내린다. N 식당에 차려진 강화도 특유의 밥상에 둘러앉는다. 그 옛날 임금이 먹었다는 '젓국 갈비' 만찬이다. 막걸리 잔을 부딪치며 부글부글 끓는 구수한 냄새가 숟가락을 쥐게 한다. 단호박·숙주·양파·미나리·두부·갈비 등을 넣고 새우젓으로 간을 맞춘, 젓국의 시원한 국물이 오늘 하루의 피로를 씻어준다.

늦가을 하루가 짧았다. 빈틈없는 알뜰한 일정이었다. 여섯 군데의 역사 유적지를 구경하고, 수필 하나로 성공했다는 조경희 선생의 삶과 문학에 대한 품격 높은 강의를 듣고, 순무 김치 선물을 받고, 민족의 숙원인 통일 기원까지 하고, 임금이 즐겼다는 '젓국 갈비'까지 얻어먹었으니, 이만한 문학 기행도 드물지 싶다.

'알찬 문학 기행', 강화의 하루였다.

양지 陽地

바깥이 환하다.

병실 창 너머가 딴 세상, 밝디밝다. 낮은 산자락 솔숲에 햇살이 자글댄다. 저 둘레길에 딸의 손을 잡고 걷는 아빠와 엄마의 모습이 세송이 꽃처럼 눈부시다. 저기 저 양지가 부럽다.

대전세계박람회(1993.8.7~11.7) 조직위원회에 파견 근무할 때의 일.

박람회 공식 참가국을 많이 유치하고자 유럽·아프리카·중남미 등 여러 나라를 동분서주하며 신경을 곤두세웠기 때문일까? 지병이던 십이지장궤양이 도져, 전북대학교 의과대학병원에 입원했다. 검사 결과, 의사 건의로 장腸 절제 수술을 받았다. 25cm나 잘라내고 이은 살결의 낯선 이질감 때문이었을까. 마취가 깨자, 뱃속이 당겼다. 쿡쿡 쑤셨다. 도려내듯 아팠다.

그때 눈이 번쩍 뜨인다. 강한 자력磁力이 잡아당기듯 바깥 건지산* 둘레길에, 예의 양지에 시선이 간다. 낙원이다. 암울한 병실을 벗어나

저기로 가고 싶다. 살결이 아리니 마음이 어둡다. 캄캄하다. 그래선지 밝고 따스한 양달이 그립다.

언제 실 뽑을 수 있을까. 살 에는 통증의 병실에서, 긴장된 암실의 음지에서 풀려날 수 있을까. 햇볕 하나 들지 않는 501호 병실이 단애의 고도孤島 같다. 내 코에도 배꼽 밑에도 고무줄이 꽂혀 있다. 숨쉬기도 몸을 뒤척이기도 거북한 침대에 묶인 채, 내 몸을 내가 움직일 수 없는 처지다. 또 통증이 온다.

저 둘레길에 거듭 시선이 간다.

나도 애들 손잡고 저 길을 걷고 싶다. 하루빨리 낯선 살결이 서로 친해졌으면, 전처럼 아리지 않았으면, 그랬으면 좋겠다. 햇살이 불꽃처럼 부서져 내리는 저 양지가 그립다. 예의 저 아빠와 엄마의 모습이 마냥 부럽다.

*건지산(乾止山): 전주시 덕진구에 있는 높이 99m의 낮은 산. 전주 이씨 시조(이한·李翰)의 묘소가 있고, 주변엔 전북대, 세계 소리문화의 전당 등이 있다.

귀거래 다방의 추억

눈이 내린다. 어디론가 걷고 싶다. 뽀드득뽀드득 눈 밟히는 소리를 즐기며 한참 걸으니 광화문이다. 교보문고가 산처럼 앞을 가린다. 여기에 다방이 있었는데. 내 '마음의 고향' 같은 귀거래歸去來 다방이 이쯤이지 싶은데.

안으로 들어선다. 신간 코너다. 베스트셀러 책들을 두리번거리는데 커피 향이 스민다. 고개 드니 저만치 N 카페가 걸음을 당긴다. 계산대에 다가가 마주 보이는 낯선 메뉴판을 읽는다.

"무엇을 드시겠어요?" 종업원이 묻는다. 줄 선 사람을 의식하며 메뉴 첫머리에 있는 '아메리카노'를 주문한다. 삼천팔백 원을 결재하니 둥근 번호판 진동벨을 내어준다.

한쪽 빈자리에 가서 앉자, '찌르릉' 벨이 울린다. 손에 든 그 벨에 빨간 불빛이 번쩍인다. 계산대에 다시 나가 'Pick up(즉석에서 준비된 것을 집는 곳)'이란 팻말 앞에 선다. 카운터에 놓인 플라스틱 커피잔을 쟁반에 얹는다. 설탕과 크림을 손에 쥔 채 자리로 돌아온다. 커피잔

뚜껑에 한일자(-)로 뚫린 틈새로 커피를 약 먹듯 홀짝거리니, 불현듯 귀거래 다방이 떠오른다. 바로 이 자리 위층이 그 다방이었는데….

온갖 추억이 머리에 스친다. 뻔질나게 드나들던 귀거래 다방. 아현동 하숙집보다 더 자주 들르던, 내 청춘을 데워주던 정겨운 곳이었다.

그도 그럴 것이, 사무실이 세종로에 있었다. 이 다방에서 백여 미터 거리였다. 지금 한국통신 자리에 있었던 국제전신전화국(KIT)에 다녔다. 텔레타이프로 세계 각국과 교신했다. 전보·신용장·특파원 기사 등을 송수신하다가 때 되면 광화문 근방에서 식사했다. 밥 먹으면 입가심이 귀거래 커피였다.

1950년대 말, KIT에 대통령(이승만)의 특별 배려가 있었다. 교신하는 외국과의 시차 관계로 24시간 근무(3번 교대)하는 데다 외국인을 상대하는 특수업무를 고려하여 '국제업무수당'을 지급하도록 조치해 주셨다. 다른 공무원이 받지 못하던 수당이라선지 씀씀이가 헤펐던, 다방 출입이 잦았던 이유였다.

점심 먹고 들렀고, 손님 오면 여기에서 만났다. 축하 케이크도 이 다방에서 잘랐다. 비교적 업무량이 많지 않았던 도쿄선東京線을 담당하던 내가 선임 직원이 맡던 샌프란시스코선을 인계받게 돼, 직원들의 축하 박수를 받았던 그 다방이었다. 그뿐인가, 퇴근하면 으레 여기에서 동료들을 만나 하루의 피로를 풀었다.

어쩌다가 일찍 출근하는 날, 귀거래 다방에 들르면 커피에 날달걀 하나를 '톡' 깨어 넣어주는 서비스가 좋았다. 또한, 사나흘 지방 출장을 다녀오면 "며칠간 뜸하여 보고 싶었습니다."라며 잣이 동동 뜬 쌍화차를 가져오며 반겨주던 그 다방 마담이었다. 그저 푸근한 가족 같은 분위기였다. 번잡한 광화문에서 잠시나마 차 한 잔으로 일상의 번뇌를 잊을 수 있었다.

비나 눈 오는 날의 퇴근길이면 으레 직장 동료들과 같이 다방에 모여 차 한 잔을 했다. 그런 다음 그냥 헤어지기 섭섭하다며 대폿집을 찾았다. 다방에서 한 블록 거리에 있는 피맛골 열차집에 들러 빈대떡 안주에 막걸리를 즐겨 마셨다. 즉석에서 녹두를 갈아 기름에 지글지글 부친 빈대떡에 아릿한 굴젓을 얹어 먹는 맛이 술맛을 당겼다.

그처럼 귀거래 다방은 우리 만남의 장소였다. 연락처였다. 지인들에게 전할 말을 적어 다방 입구 메모판에 꽂아뒀다. 들르는 사람마다, 나 또한 그 메모판을 쳐다보곤 했다. 깨알처럼 써서 여러 번 접은 그 종이 메시지가 요즘의 '카카오톡 시대'에 그리워지는 건 어쩐 일일까. 추억 때문만은 아닐 것이다. 수신인의 마음을 읽어가며 한 획 한 자 꾹꾹 눌러 쓴, 정성이 그 글에 배어 있어서다.

때때로 다방에 전화하면 목소리만 듣고도 마담이 내 이름을 불러줬다. "장 선생님, 두 시간쯤 전에 K 선생님이 다녀갔고, 지금 KIT 전화계 직원들이 와 있습니다"라는 사실을 알려주기도 했으니, 비서가 따로 없는 개인 사무실과 같았다.

당시엔 오피스텔이 없었다. 즐겨 찾을 데도 마땅찮았던 그 시절, 다방이 유일한 사랑방이었다. 분위기 또한 따뜻했다. 문 밀고 들어서면 레지가 다가와 미소로 맞이했다. 계산대에 앉은 마담도 "어서 오십

시오"라며 눈웃음으로 반겨줬다. 자리에 앉기 바쁘게 레지가 따끈한 물수건과 구수한 엽차를 가져와 만날 친구가 도착할 때까지 말동무가 돼줬으니, 이만한 데가 또 어디 있을까?

요즘의 카페처럼 멍하니 혼자 기다리는 지루함이 없었다. 비단 귀거래 다방만이 아니었다. 서비스의 정도 차이는 있었지만, 그 시절 다방은 대부분 그랬다. 고향의 어머니 온돌방처럼 포근했다. 그랬던 귀거래 다방이 N 카페로 바뀌었으니, 정겨운 건 점점 세월의 물결에 밀려 어디론가 사라져 간다.

직장의 단짝, J와 거의 매일 여기에서 만났다. 그는 문학 소년처럼 시를 좋아했다. 눈이 펑펑 쏟아지는 어느 저물녘, 박인환 시인의 <세월이 가면>을 읊었다.

> 지금 그 사람 이름은 잊었지만
> 그 눈동자 입술은 내 가슴에 있네
> 바람이 불고 비가 올 때도
> 나는 저 유리창 밖
> 가로등 그늘의 밤을 잊지 못하지
> (…).

이처럼 시도 읽으며 때론 조용히 경음악도 들을 수 있는 다방 분위기였다. 커피 맛도 여느 다방에 못지않았다. 요즘의 '아메리카노'보다 진한 색깔에 향도 구수했다. 특히 하얀 도자기 잔 테두리 부분이 도톰하고 매끈하여 그이의 입술처럼 보드라웠다. 잊히지 않는 그 감미로움.

그래서일까. 출근하지 않은 날이나 특별히 할 일이 없으면, 귀거래 다방에 들러 친구들을 만났다. 진한 농담도 했다. 다방 레지와 마담이 누구를 더 좋아하는지 서로 시기도 해가며 얼굴을 붉히기도 했다. 청춘 탓이었을까. '감정의 온도'를 높여가다가 J의 등을 두드리며, 남산에 오르거나 영화관을 찾곤 했던 내 청춘기의 쉼터였다. 들끓던 가슴을 식혀주던 그늘 같은 곳이었다.

그랬던 다방 문화도 시대 따라 바뀌고 있다. 언제부턴가 아늑하고 포근했던 다방의 '방房'이 아니라 '카페'라는 낯선 이름이 다방 자리에 들어섰다. '빨리빨리 문화'에 편승해 목 좋은 데에 불길처럼 번졌다.

예의 N 카페와 서비스가 대동소이한 서구의 커피 전문점이 거리마다 눈에 띈다. 'Ediya coffee, Angel in US coffee, Tom n Toms coffee, Caffe Bonito, Starbucks' 등등. 간판이 바뀌면 속도 달라진다. 카페마다 에스프레소 Espresso 기계로 짜낸 원두커피 판매장 같은, 커피 전문점이다.

한국 속에 서구 문화, '셀프서비스 self-service'이다. 손님 스스로 커피잔을 받아와야 하는 서비스 아닌 '손수 하기'이다. 카페에 실려 온 낯선 문화다. 돈을 먼저 내고, 기다렸다가 잔을 들고 와야 하는 번거로움이 내겐 어설프다. 어쭙잖다. 쪼잔하다.

이 모습을 어머니가 봤으면 "야야, 그게 무슨 짓이고! 머스마가 잔

들고 다니면 우야노." 하시며 야단쳤을 것이다. 하지만, 어쩌랴. 세태 탓인 걸. 우리 것은 사라지고 서구 것은 밀려와 거리마다 '알파벳 상호'로 번쩍인다.

때론 번잡한 광화문 거리에서도 여유롭게 차 한 잔 마시며, 담소할 조용한 다방이 그립다. 집 같은 하루 생활의 따뜻한 쉼터, 가슴을 식혀 주는 그늘 같았던 귀거래 다방이 그립다. 선현들도 "작은 일상에 행복이 있다"고 하는데…. 밖엔 여태껏 눈이 내린다. 아쉬운 추억이 눈처럼 쌓여 간다.

입신立身의 빚

세밑, 가족이 도쿄 딸 집에 모였다.

새해를 같이 맞고자 해서다. 손孫들은 스마트폰 게임에 떠들썩하고, 주방엔 설날 먹을 음식 만들기에 부산하다. 볶고·끓이고·굽고·전 부치고…. 그러는 동안 나는 컴퓨터 앞에 앉아 아득한 지난날을 되새겨 본다. 나이 때문인지, 오늘이 세밑이라서 그런지 살아오면서 빚진 게 없을까? 란 의문이 생긴다.

바다 물결처럼 출렁이는 세파世波에 휩쓸려 살았으니, 본의 아니게 이 나라 저 나라로 떠돌아다녔으니 어찌 빚이 없겠는가. 돈빚, 말빚, 마음 빚, 묵은 빚….

묵은 빚? 문득 가슴이 찐하다. 부모님에 대한 빚이 한두 가지일까마는 오늘따라 아픈 치부恥部가 드러나는 그 빚, '입신'이다. 고향 떠나던 그 날 아침, 아버지의 말씀이 천둥처럼 귓전에 울린다.

"물고기는 큰물에서 놀아야 한다. 너른 서울에 가서 '입신'하여라." 하시며 마을 뒷산, 선산을 바라보고 계시던 아버지. 열여섯 살 애가 먼 길 떠나는 게 안쓰러웠는지, 타향에서 홀로 견뎌내야 할 세파를 의식해서인지, 내 뒤를 따라 나오시던 어머니는 삶은 달걀 꾸러미를 손에 쥔 채, 연신 울먹이신다.

'빵빵~' 소리가 난다. 시티재 영천永川 방향 내리막길에서 울리는 버스 신호음. 어머니는 불현듯 치마 속 쌈지 주머니에서 꺼낸 꼬깃꼬깃 접힌 지폐 몇 장과 달걀 꾸러미를 내게 건네주며 말씀하신다.

"밥 굶지 마라."

그렇게 집 떠난 나는 서울에서 학교 공부를 마쳤다. 직장(KOTRA)에 들어가 바다를 건넜다. 일본·미국·브라질·세네갈 등지로 전전했다. '수출'이 뭐 그리 중요했는지 30여 년을 고향 쪽 하늘만 쳐다보며 그리워했다.

지금 생각하니 아버지가 선산을 바라보며 말씀하셨던, '입신'은 이런 뜻이 아니었나 싶다. 맏이인 내가 군청 서기가 돼, 고향에 살면서 마을 뒷산, 선산을 지켜주길 바랐을 것이다. 그랬음이 틀림없다. 맏이란 마땅히 부모를 모셔야 할 존재이니까. 입신하여 가까이 와서 살기를 바랐을 것이다.

그토록 믿고 바라셨을 텐데 가까이는커녕 시간도 다르고 말도 다른, 먼 외국으로만 돌아다녔으니 내심으로 얼마나 서운해하셨을까. 빨리 돌아오기만을 기다리지 않으셨을까? 그렇게 바라셨던 '입신'이었는데, 떳떳한 자리 하나 얻지 못한 채 귀향마저 못 했으니 아버지께 큰 빚을 졌다.

불효다! 낳아서 키워주고, 서울까지 보내 유학시켜준 '빚'. 그 '입신의 빚'을 부모님 세상 떠나실 때까지, 아니 오늘까지 각성하지 못한 채 살아왔다. 가장 가까운, 존경하는 아버지께 진 해묵은 빚을, 여태 갚아드리지 못한 장기 채무자이다. 진즉 '입신'의 그 뜻을 헤아렸다면 하는 아쉬움이 가슴을 두드린다.

왜 그랬을까? 독촉하거나 채찍질하지 않으셨기에, '입신'하여 귀향하려는 의지가 약했기에 그랬는지 모른다. 거슬러 생각해 보면 그런 것보다는 내 자식의 입신을 위해 밝고 휘황한 네온 불빛을 뒤로하고, 반딧불 번쩍이는 고향으로 돌아가지 못했을 것이다.

변명 같지만, 애들의 '입신'이 곧 나의 '입신'이 아닐까. 어쩌면 아버님도 그렇게 생각하지 않으셨을까? 비록 귀향은 못 하고 있을지라도 말씀하셨던 큰물의 범위를 크게 벗어나지 않고 있으니, 애들도 나름의 처신을 하며 살아가고 있으니…. 기대하셨음에 크게 어긋나지 않을 것이다. 아마도 그렇게 생각하셨을 것이다.

내일 아침, 애들이 세배할 때, 내가 살아오면서 진 빚을 넌지시 말하리라. "너희가 '입신'하는 게 할아버님께 '빚' 갚는 길이다."라고.

눈앞에 산소가 어른거린다. 귀국하는 대로 찾아봬야겠다. 고향 떠나올 때 당부하셨던 '입신'에 대하여 말씀드리리라. '부전자전父傳子傳했습니다.'라고. 하지만 제야의 종소리가 여한餘恨으로 들려오니 빚은 '빚'으로 남는지.

걸림돌과 디딤돌

늦가을 맑은 날, 산길을 걷는다. 눈앞에 날아드는 단풍잎을 쳐다보다가 돌부리에 부딪힌다. 엄지발가락이 쓰리고 아프다.

'이 돌이 왜 여기에!'라고 탓하며 내려다본다. 경사진 길 한가운데 깊숙이 박힌 차돌이다. 산에 오르내리는 사람들에게 밟히기도 하고 부딪쳐 몸은 반질반질하지만, 돌부리가 위로 솟아있다.

조금 전 고맙게 여기며 건너온 계천의 징검다리 디딤돌과 비교된다. 놓인 자리에 따라 좋은 일을 하기도 하면서 남의 행보에 걸림이 되는 장애가 되기도 한다는 생각이 든다. 돌의 다양한 얼굴이 영상처럼 흘러간다.

주인을 잘 만나면 대궐 같은 집을 둘러쌓는 높은 담의 중간중간에 박힌다. 이웃집에 호박떡을 건너는 여느 농가의 낮은 담에 놓이기도 한다. 살을 에는 겨울날, 등을 뜨뜻하게 해주는 온돌방의 구들이 되기도 한다. 그뿐만이 아니다. 어머니가 방에 드나들 때 신발을 벗고 마루에 오르던 댓돌로 놓이기도 한다.

건축하는 사람에게 만나면 집채 앞뒤에 놓이는 돌층계의 섬돌이 된다. 때론 짓는 집의 머릿돌이 돼 집을 지탱하는 역할을 한다. 지진이나 자연재해로 산기슭 바위에서 무너진 돌은 물결 따라 오대양을 돌면서 주먹만 한 작은 돌로 깎이고 다듬어져 몽돌이 돼 소녀의 책상 위에 다소곳이 놓이기도 한다.

그런가 하면 넓적하게 잘려져 적군을 막는 성城으로 쌓여 총알받이가 되는 험한 풍상을 겪는다. 어쩌다가 마을 앞 저수지에 놓이면 고기들이 알을 낳고 까는 산실이 된다. 무덤 앞에 선 비석은 망인의 넋을 지켜준다. 그 외에도 선돌·표지석·망부석 등 놓인 자리에서 제 역할을 하는 돌이다.

이처럼 돌은 그의 견고성과 항구성으로 우리 생활 주변에서 묵묵히 제 할 일을 다하는 성실한 존재다. 같은 돌이지만 누구를 만나느냐, 어디에 놓이느냐에 따라 디딤돌이나 버팀돌이 되기도 하고 걸림돌로 천대받기도 한다. 오늘의 그 차돌처럼.

나는 인간 생활 주변, 어디에 놓여 있을까. 지금 어떤 역할을 하고 있을까? 혹여 내가 부딪친 걸림돌은 아닌지, 산길을 걸으며 곰곰이 생각한다.

푸른 겨울

연말연시를 같이 보내고자 딸 집에 들렀다.

세밑의 도쿄는 영하다. 딸의 문 앞 전송을 받으며 아름다운 시설로 소문난 쯔다야 蔦屋서점*으로 나선다. 큰길가 가로수가 층층이다. 키 큰 은행나무가 3~4m 간격으로 서 있는 그 밑에 내 허리 높이의 사철나무가 서로 보듬어 안은 듯 촘촘히 붙어 있다. 짙푸른 사철나무 잎에 아침 햇살이 내린다. 이슬 스민 잎들이 빛난다. 청옥靑玉처럼 반짝인다.

큰길에서 지름길로 들어선다. 다이칸야마代官山 역에서 하치야마조鉢山町 방향으로 가는 골목길. 승용차 한 대가 겨우 지나갈 수 있는 도롯가에 양품점이 즐비하다. 마치 서울 청담동처럼 아래층은 패션 의류와 신변 액세서리 판매장이며, 위층은 살림하는 주택이 나란히 이어져 있다.

길가 쇼윈도 앞엔 화초가, 그 뒷줄엔 상록 분재가 줄을 서 있다. 좌우 양쪽 담 안에 동백나무가 2층 창문 높이까지 자라, 울타리같이 보인다. 군데군데 핀 짙붉은 꽃이, 목화처럼 하얀 꽃이 시선을 끈다.

햇볕 받아 환한 얼굴, 추운 기색 하나 없다. 동백꽃은 일본에선 간쯔바키寒椿라고 불리기도 한다. 혹한을 견디며 속살을 드러낸 저 인내. 야들야들한 꽃잎이 장해 보인다. 겹겹의 옷 위에 두꺼운 털옷까지 입고도 움츠린 내 모습이 부끄럽다.

그다음 옷집도 온통 푸르다. 아래층에서 2층 벽을 두른 상록 활엽 아이비 ivy 덩굴 속에 참새 떼가 짹짹거린다. 이 집의 쇼윈도 앞에도 먼나무·오리브나무·편백·녹나무와 황금초·트리안·만년청·천세란千歲蘭 등의 상록수와 화초들이 크고 작은 화분에 식재돼, 가지런히 놓여 있다. 2층 살림집으로 올라가는 계단에 화분이 매달리고, 분재도 계단마다 놓여 있다.

손바닥만 한 공지만 있으면, 아니 공간만 있으면 꽃이나 나무를 들여놓는 이곳 사람들. 대부분의 일본인이 그러하다. 나이 든 사람들이 여유 시간만 있으면 정원을 꾸민다. 그들이 '정원사'로 불리는 이유이다. 집 안이 좁아도 계단이나 공간에 나무를 키운다. 아파트에 산다고, 나무 한 그루 심을 땅이 없다고 볼멘소리하던 자신이 아닌가.

그 집을 지나니 싱싱한 풀 냄새가 난다. 디퓨저Diffuser(향기 확산기) 전문점이다. 여러 가지 향기 유리병이 층층으로 진열돼 있다. 출입구 전면에 5리터의 향액香液을 채운 큰 화병만 한 투명 병 서너 개가 놓여, 손님을 맞이한다. 그 병에 꽂힌 대나무 막대를 통해 품어내는 '초향草香'이 나의 코를 실룩거리게 한다. 바람 일렁이는 풀밭에 선 느낌이다.

이어진 액세서리 집은 아예 바깥벽에 화초를 돌출시켜 심었다. 팻말이 꽂혀 있다. '자연을 우리 집으로.' 부엽토와 이끼를 표면에 깐 커다란 나무 액자 화분 여러 개를, 깎아지른 듯한 벽면에 붙여놓았다. 벽이 하나의 너른 정원이다.

이처럼 쯔다야서점 가는 길은 집 주위가 푸르다. 한겨울인데도 여름 같은 풍경, 상록의 식물이 겨우내 푸르다. 집집이 경쟁하듯 늘 푸른 화초나 나무 곁에서 겨울난다는 주민들. 일본이 선진국이라서 그럴까. 이곳의 푸른 공기를 마시고 사는 딸의 동네라서 그럴까? 부러움과 고마운 마음이 함께 교차한다.

비단 이 골목만이 아니다. 고층 아파트가 드문 도쿄의 주택지 대부분은 집 주위에 상록 분재를 놓거나 나무를 심어 푸른 기운을 마신다. 분재와 정원의 나라라고 하는 일본, 여기만이 아니다. 어느 지역에서도 집 안에 정원을 꾸미고, 좁은 공지空地에도 소나무, 편백, 먼나무 같은 늘푸른나무를 심어, 관상하며 차茶 마시는 여유를 즐긴다.

그래서 일본이 세계 최장수 나라가 됐을까? 연중 푸른 공기를 마시며 여유로운 삶이니 그럴지도 모른다. 대기오염으로 나빠진 몸의 부위를 치유한다는 피톤치드phytoncide를 공기처럼 마시고 산다. 초목을 키우는 그들만이 아니다. 그 이웃과 골목길을 지나다니는 사람, 그리고 나처럼 잠시 이곳에 들른 이방인까지 청량한 공기를, 피톤치드를 마시게 한다.

장수 시대인 요즘의 화두는 건강이다. 너나없이 신경 쓰는 맑은 정신과 팔팔한 삶이다. 누구나 오래 사는 연명延命을 넘어, 살아가는 동안 앓지 않고 '푸른 겨울'을, '늘 푸른 삶'을 누리길 바랄 것이다.

나무 심을 땅이 없다고, 공간이 좁다고 머무적댈 일이 아니다. 아파트 베란다면 어떠하랴. 귀국하는 대로 늘푸른나무 분재 몇 개를 들여놓아야겠다.

*쯔다야서점: 일본이 자랑하는 세계에서 가장 아름다운 서점으로 관광 순례 코스의 하나. 최신 책·문구·여행·영화·음악 등의 정보와 유명 찻집, 음식점 시설을 겸비한 서점 겸 도서관. 아침 7시부터 새벽 2시까지 개관.

2부
글이 전파를 탄다

독자는 상전이다.
누구나 편하게 읽고,
쉽게 이해할 수 있는
그런 글을 써야겠다.

손에 손잡고

설 쇠고 귀경하니 한반도가 떠들썩하다. 그동안 말 꺼내기를 머뭇거렸던 사드THAAD(고고도미사일방어체계) 배치를 본격 논의하는 등 매우 급하게 돌아가고 있다. 궁금해 신문을 펼쳐 드니 눈이 번쩍 뜨인다.

박근혜 대통령은 북한의 핵실험과 장거리 미사일 발사에 대한 대응으로 개성공단 전면 폐쇄를 선언했다. 증시가 설 연휴 이후 이틀째 주저앉았다. 코스닥은 장중 8%나 곤두박질쳐 일시 거래를 중지하는 소동이 있었다.

엎친 데 덮친 격으로 글로벌 금융시장 전체가 심상찮다. 중국 경제의 연착륙 우려와 저유가低油價, 미국 경기 회복 둔화, 유럽은행 위기 등 악재가 동시다발로 터지고 있다. 세계 경제 앞날이 어둡다.

쓰나미처럼 덮친 금융시장의 충격은 클 수밖에 없다. 우리 경제의 버팀목인 내수와 수출이 흔들린 상황에서 남북관계마저 최악의 상황으로 치닫고 있다. 게다가 한국 자체적으로 훌훌 털고 갈 수 있는 간단한 악재들이 아니다. 대외 의존도가 높은 우리로서는 비상한 각오로 쓸 수 있는 카드를 찾아야 한다.

국내외 금융시장의 흐름을 정확하고 빠르게 파악해 충격과 파장을 최소화해야 한다. 기업들의 과감한 체질 개선 및 사업 재편도 더 적극적으로 이끌 필요가 있다. 정부와 기업, 국민 모두 힘과 지혜를 모으지 않으면 더 어려울 것이다. (2016.2.12일 세계일보 사설 요약)

그렇다. 한꺼번에 불어닥친 폭풍우. 내일을 예측할 수 없는, 앞이 잘 보이지 않은 시국이다. 격랑의 항해다. 산더미 같은 소용돌이에 휘말린 한배 탄 우리다. 배가 순항할 수 있도록 모두가 한목소리 내었으면. 어려울 땐 그게 큰 힘이 된다. 국론 결집의 방향 따라 각자가 맡은 역할에 모든 힘과 지혜를 한데 모아야 하지 않겠는가. 거센 파고波高를 넘으면 반짝반짝 빛나는 잔잔한 바다가 펼쳐질 것이기에.

한 번 더 손에 손잡고, 정해진 방향으로 함께 노를 저었으면 싶다. 우리가 '하나' 되지 않은데 그 뉘가 도와주겠는가?

설도 지났으니 머지않아 봄눈 녹아 흐르고, 반가운 남녘 손님 찾아올 우리나라. 개나리가 노란 옷, 진달래가 빨간 옷 차려입고, 버들강아지 새하얀 고깔모자 쓰고, 강산을 환하게 밝힐 텐데.

또 한 번 손에 손잡고 다 같이 한길로 순항했으면, 이 파고를 넘었으면….

까치집

까치가 깍깍거린다. 아파트 들머리 회화나무에서다. 우듬지 아랫부분에 V자형 집을 짓고 있다. 큰 줄기를 기둥으로, 양쪽 가지를 서까래 삼아 사이사이에 나뭇가지를 얼기설기 얽었다. 한참 쳐다보니 아파트 관리인이 말해준다. "올해 초겨울부터 부부 까치가 부지런히 나뭇가지를 물어온다"며 반가워한다. 좋은 징조다.

텃새인 까치는 사람과 이웃해 산다. 깍깍대면 반가운 손님이나 기쁜 소식이 온다고 하여 길조吉鳥로 여긴다. 까치를 만나면 부富할 운이 있거나 벼슬할 수 있다는 속신俗信도 있다. 그 때문인지 전국 37개 시·도·군·구의 새[鳥]로 지정해 주민 모두가 부강하길 은근히 기대한다. 또한, 최근 연구 결과에 따르면 포유류 이외의 종에서 최초로 거울을 인식하는 지능을 가진 까치다.

매끈한 몸매에다 걸음이 가볍다. 날개 17cm, 꽁지 24cm 길이로 암수가 같은 색깔의 털옷이다. 화려하지 않은 흰색과 검은색으로 정결하다. 신령스러운 새로 여긴다. 유난히 '까치'를 빗댄 이름이 많다.

까치산, 까치 지붕, 까치걸음, 까치설…. 그만큼 친근하게 느낀다. 뉘께나 환영받는 지능과 지혜를 겸비한 새.

집터를 잡을 때도 신중하다. 미리 이모저모를 여러 번 살펴본 후 택지擇枝한다. 소나무 같은 침엽수나 잎이 푸른 사철나무에 터를 잡지 않는다. 잎이 떨어지는 낙엽수를 택한다. 추운 겨울날 나뭇잎이 떨어진 가지라야 따뜻한 햇볕을 받을 수 있기 때문이다. 사다리차 올라가는 길목도 피한다. 그리고 가장 높은 상지上枝나 낮은 하지下枝에 터를 잡지 않는다. 독수리 같은 날짐승과 뱀의 침범을 피하고자 적당히 높은 데를 선택하는 영리한 새다.

집 짓는 공법도 특이하다. 사전 치밀한 계획을 세워 꼼꼼하게 짓는다. 버팀기둥·받침대·들보 등, 굵기와 길이가 설계에 맞는, 곧고 낭창낭창한 소재를 이산 저산으로 날아다니며 찾는다. 둥지에 맞을 만한 나뭇가지를 보면 그 짧은 부리와 제 몸무게로 부러뜨린다. 그런 다음 조심스레 입에 물고 날아와 제집에 바로 들지 않는다. 집터 반대편이나 다른 나뭇가지에 앉아 주위를 살핀다. 안전하다 싶을 때 뽀르르 날아든다.

하나씩 물어온 나뭇개비를 설계 치수에 맞춰가며 공간을 메운다. 부리로 야무지게 끼워 넣는다. 떨어지거나 흔들리지 않게 고정한다. 그런 골조 공사를 마치면 작은 나뭇가지를 물어다 촘촘히 얽어맨다. 이어서 잔가지나 흙을 물어 와 벽을 두른다. 일단 내장 공사가 끝나면 부드러운 풀잎을 뜯어다 바닥에 깐다. 폭신한 제 솜털을 그 위에 털어 놓는다.

이처럼 제집 짓기에 온 정성을 다 들인다. 비바람이나 태풍에 날아가거나 내려앉지 않도록 단단한 집을 짓고, 포근한 방을 꾸민 후에 알을 낳는다. 낳은 알을 17~18일간 포란抱卵하여 부화시킨다. 암컷이 알 품는 동안 수컷은 먹이를 날라다 주는 정겨운 새다. 생활은 낮은 풀밭에서 하지만, 잠은 궁궐보다 높은 둥지에서 자는 현명한 까치다.

높은 데서 맑은 공기를 마시며 나무와 더불어 산다. 바람이 불면 같이 흔들린다. 대기오염을 치유하는, 나무가 품어주는 피톤치드phytoncide를 가장 가까운 데서 마신다. 그런 선지選枝에 겨우내 단단한 집을 짓고, 2~5월 산란기를 준비하는 까치에게 배울 게 한둘이 아니다.

내 집은, '글의 집'은 어떤가? 기초가 허술했다. 설계도 기반시설도 제대로 갖추지 못한 채 서둘렀다. 현역을 마친 후부터 글을 썼다. 문학을 전공하지 않는 내가 남이 글 써서 책을 내니까, 덩달아 쓴 글을 책으로 묶곤 했다. 어설픈 '글의 집'일 수밖에 없었다. 까치 같은 지혜와 지능도 없는 데다 열정을 쏟거나 정성을 들이지도 못했다. 까치처럼 이산 저산, 여기저기에 날아다니며 낭창낭창한 새 소재를 구해, 틀에 맞는 집을 짓는 것도 아니었다.

인터넷이나 자료에 있는 내용을 각색하거나 짜깁기하여 손쉽게 글을 썼다. 그러니 내용이 낯설지도 않고 알차지도 않았다. 내 나름의 독창성이 희박하였다. 창작이라 하기엔 미흡한 글, 깊이도 개성도 없는 '글의 집', '책'이었다.

지금부터라도 까치가 집을 짓듯 모든 정성을 들여 한 편의 글을, 한 칸의 집을 지을 일이다. 치밀한 계획을 세우고 그 설계에 맞는 새로운 소재를 찾아서, 남이 미처 경험하지 못한 경지에서 체득한 실實한 내용을 담을 일이다. 글 한 편 한 편을 기둥과 서까래 삼아 까치집 같이 단단한 '내 글의 집'을 지을 일이다.

역시 까치는 '좋은 징조'의 새다. 엉성한 집 짓는 나를 일깨워준 전범典範, 아니 요령鐃鈴이기에. 아파트에 드나들 때마다 내 시선을 붙드는 까치집이기에.

나는 몇 권의 책을 읽었을까

눈발이 앞을 가리는 날 비행기에 오른다. 새해를 같이 맞고자 도쿄 딸 집에 가는 길.

비행기가 서서히 제 고도에 올라서자, 손가방에 든 책을 꺼낸다. 일본 고단사講談社 문고판 ≪세계문학 식食 기행≫으로 작년 이맘때 도쿄에서 산 책이다. 집을 나설 때 기내에서 읽을 책이 없느냐며 책장을 두리번거리다 뽑아온 책.

그 책은 작년 귀국 항공기 안에서 반쯤 읽은 후, 그대로 서재 책장에 꽂아 둔 채 한 해가 지났다. 무엇에 그리 바빴는지, 당시 인기도서(베스트셀러)였던 책인데 다 읽지 않고 지금까지 잠을 잤으니, 가히 나의 독서 수준을 짐작할 만하다.

작년 귀국편 기내에서 읽던 것처럼 '식탁에 앉기 전에'란 서문과 목차를 읽다가 <이조李朝문화의 화華>란 글제에 시선이 간다. 내용은 춘향전 얘기다.

전라북도 남원 퇴기退妓의 딸, 춘향이 부사府使 이몽룡을 만나 평생을 약속하자, 춘향 어미 월매는 기뻐하며 "향단아, 주안상을 들여오너라."라고 분부한다.

"예."

향단이 대답하며 주안상이 들어오는데, 그 요리가 놀랍다. 큰 그릇에 소갈비 찜, 작은 그릇에 제육 찜, 펄펄 뛰는 숭어찜, 푸드덕 나는 메추리탕, 동래·울산 큰 전복을 잘 드는 칼로 맹상군孟嘗君(중국 제나라의 정승)의 눈썹처럼 어슷비슷 오려 놓고, 염통·산적·양 볶음과 봄에 울던 꿩의 다리를 적벽赤壁(경기도 장단에 있는 대접의 생산지) 대접에 담아 놓고, 분원分院 사기에는 냉면도 비벼 놓고, 생밤·앵두·푸른 배, 보기 좋게 차렸구나….

또한, 목차에 우리나라 음식 문화에 대한 글이 한 편 더 있다. 중견 소설가 한승원韓勝源의 <해신海神의 늪>에서 나오는 '어즙漁汁'이란 제목으로 쓴 글이다.

무대는 한국 남서부, 전라남도 장흥군 어느 어촌이다. 음력 정월 열나흗날 저녁에 풍어豊漁를 기원하는 해신제海神祭를 지낸다. 중년 어부 '성만' 집도 한 달 전부터 이 의식을 위해 그의 처가 몸을 청결히 하고 제수 준비를 해왔다. 오늘이 제일祭日이라 도라지나물, 고사리나물, 박나물, 무나물, 고들빼기나물, 그리고 각종 조개류를 넣은 어즙을 내어 놓는다. ….

우리나라 음식 문화에 대한 글은 두 편을 실었지만, 고대로부터 현대까지 각 나라의 진귀한 '식 문화'를 내용으로 한, 문학작품 중에서 발췌한 총 139편을 수록했다. 글의 곳곳에 다양한 요리와 산해진미山海珍味가 배어 있다. 저자 시노다 하지매篠田一士(문예평론가, 영문학자)는 얼마나 많은 책을 읽고 이 책을 썼을까?

도연명陶淵明의 <귀원전거歸園田居>에 실린 닭고기 요리부터 대문호 어니스트 헤밍웨이Ernest Hemingway의 <이동축제일A Moveable Feast>에 나오는 맥주 이야기까지 발췌하였으니…. 실린 글 몇 배의 책을 읽고 그중에서 골라 쓴 것일 거다. 그 책도 고대에서 현대까지, 일본 국내 서적에서 외국 책까지 범세계적인 다양한 '식문화' 관련 책이다.

물론 일부 영어 번역판이 있긴 하겠지만, 대부분이 작가의 모국어가 아닌 외국어일 텐데…. 국경 없는 그의 독서량이 놀랍다. 이만큼의 독서 능력으로 국내외 관련 서적을 읽지 않고 쓴 글의 책은, 인기도서가 될 수 없을 것이다.

그저 부끄러울 따름이다. 올해 나는 몇 권의 책을 읽었을까? 신작을 사서 읽은 건 칠팔 권에 불과하다. 그 정도의 독서로 작품 대상의 속살을 깊이 관찰하거나, 보이지 않는 내면까지 상상·창의할 수 있을까? 글 쓰는 문인이라 하기엔 그저 주제넘은 자신이 아닌가.

서서히 하강하던 비행기는 하네다공항에 덜컹 발을 내린다. 읽던 책을 덮으며 손을 불끈 쥔다.

옆 보고 크는 나무

땡볕이 쏟아지는 한여름, 서울대공원 둘레길을 걷는다.

동행한 친구가 "저것 좀 봐!" 하며 손짓한다. '치유治癒의 숲'에 있는 나무가 하나같이 하늘 높이 솟아 있다. 20~30m쯤 돼 보인다. 다른 나무보다 더디 자라는 소나무를 비롯하여 팥배나무, 생강나무, 신갈나무 등이 어깨동무하듯 같은 높이로 나란히 성장해 있다. 미처 곁가지를 뻗을 겨를이 없이 위로만 솟구쳐, 몸이 가늘고 미끈하다.

종種이 다른 나무가 어떻게 같은 키로 자랐을까? 곁 나무의 그늘에 가리지 않으려고 제 살을 줄여가며 옆 보고 큰 나무다. 곁 나무에 뒤처지면 햇볕을 받지 못해 광합성작용을 할 수 없다. 영양분을 만들 수 없는 나무는 죽기 마련이다. 그래서 옆 나무에 지지 않으려고 경쟁하듯 자란 나무다. 나무만이 아니다.

풀의 일종인 갈대도 그러하였다. 지난가을 여의도 샛강공원에 군집한 갈대도 같은 키였다. 옆 보고 서로 눈높이를 맞춰가며 2m 정도의 키로 성장한 갈대. 가을바람이 불면 서로 몸을 비벼가며 수많은 작은 꽃이삭으로 황금 물결을 이뤘다. 서로 의지하며 다 함께 자랐다. 공생공영共生共榮하였다. 우리도, 나도 그랬으면 싶었다.

나무와 갈대같이 사람도 옆 보고 큰다. 대학자, 율곡 이이李珥(1536~1584)는 어머니申師任堂(1504~1551)를 보고 자랐다. 늘 경문經文을 익히고, 때때로 바느질과 자수刺繡하면서 시문詩文을 읽고, 그림을 그리며 사는 어머니가 사표師表였다.

그와 같은 어머니, 가장 가까운 옆 사람, 신사임당이 있었기에 일찍부터 학문을 배웠다. 열셋 살에 진사초시進士初試를 비롯하여 아홉 번이나 장원급제했다. 그 덕에 황해도 관찰사觀察使, 대사헌大司憲, 이조吏曹·형조刑曹·병조兵曹의 높은 관직을 역임했다. 조선 유학계儒學界에 퇴계 이황李滉과 쌍벽을 이룬 대학자로 성장했다. 모자母子가 우리나라 화폐의 주인공이 됐다. 이이가 오천 원권, 신사임당이 오만 원권 '화폐의 인물'이 될 수 있었다.

모자의 성공이다. 열심히 사는, 노력하는 이의 옆에 있어야 잘 자란다. 그게 서로 도움이 될 수 있는 상생의 삶이다. 그래서일까. 누구나 옆 보고 자란다. 내 곁의 애들도 나를 쳐다보고 자랄 것이다. 내 마음의 씀씀이는, 일거수일투족의 행동은 애들 성장의 표본이 될 것이다.

성공할 아버지의 삶도 예와 크게 다르지 않을 것이다. 돈 많이 번 부자나 바깥 생활이 활발하다고 삶의 형편이 좀 나아졌다고 성공한 아버지라 단정할 수 없을 것이다. 그것보다는 자신의 삶에 최선을 다하고 본분을 잊지 않는 이가 품위 있는 아버지일 것이다. 자녀로부터 '나는 아버지의 삶을 닮고 싶습니다'란 말을 들을 수 있는 사람이 본

보기상像일 것이다.

'치유의 숲'에 높이 자란 나무들, 습지를 가득 메운 같은 키의 갈대들, 옆 보고 자란 이이의 성공을, 그리고 품위 있는 '아버지상像'을 되뇌면서 하루하루 내 일상의 삶을 가다듬으리라.

낙우송

건장한 나무가 서 있다. 저절로 곧게 굵게 자라는 나무라서 그런지 도서관을 드나들 때마다 시선을 당긴다.

여의도 국회회관, '숲 속 도서관'에서다. 공원같이 너른 정원에 여러 나무가 그늘을 드리운다. 느티나무·은행나무·벚나무·소나무 …. 1987년 국회도서관 개원 때 같이 심었던 다른 나무보다 월등히 치솟아 있다. 위는 좁고 밑으로 내려올수록 펑퍼짐한 원뿔형이다. 그런 낙우송 십여 그루가 일가를 이뤄 우뚝하다.

수형이 아름답다. 저절로 곧게 자라는 몸매다. 다른 나무처럼 가지치기나 모양 가꾸기를 하지 않아도 되는 훤칠한 나무. 새봄에 방긋방긋 솟아나는 연둣빛 잎은 절로 봄이 왔음을 실감케 한다. 여름이면 짙푸른 잎으로 바라만 보아도 시원한 느낌을 준다. 가을이 되면 운치 있는 황갈색 단풍으로 깊은 맛을 자아낸다. 겨울엔 단풍 든 잎이 새의 깃처럼 붙은 잎줄기가 바람에 통째로 흔들린다. 그럴 때마다 휘날리며 떨어지는 솔잎 같은 잔잎들이다. '낙우송落羽松'이라 부르는 연유다.

까치도 그런 낙우송이 탐이 나는지 두 나무 우듬지에 집을 짓고 깍깍거린다. 마치 나를 반겨주는 듯하다. 얼핏 보기엔 낙우송이 메타세쿼이아와 비슷해 보이지만, 다른 점이 있다. 메타세쿼이아는 잎을 마주하고 있는 데 반하여 낙우송은 서로 어긋난다. 겨울눈이 뚜렷하지 않고, 물을 좋아해 늪이나 물속에서도 자라는 강한 생명력을 가진 나무이다.

보라매 공원 연못 안이나, 천리포수목원 호수 가운데에서 자라는 낙우송. 뿌리내린 환경에 맞춰 스스로 운명을 개척하는 강한 의지가 있다. 질펀한 늪이나 물속에서 숨쉬기가 곤란할 땐 주위의 땅 위나 공중으로 공기뿌리, 기근氣根을 뻗는다. 슬근膝根이라고도 이른다. 옥수수나 대나무 뿌리처럼 무릎을 세운 듯한 모양의 공중 뿌리다.

높이 자라고자 많은 산소와 물을 공급받기 위해서다. 대단한 성장 열망이다. 종유석鐘乳石처럼 볼록볼록 솟은 돌기突起의 뿌리를 보고 있으면 주먹이 불끈 쥐어지곤 한다. 저쯤은 돼야 남보다 높이 자란다. '나는 공중에 다리를, 발을 뻗어 본 적이 있는가.'

여느 나무보다 곧고 굵게 높이 자라고자 하는 열망이 있기에 저렇게 번듯한 모양새다. 우러러 보인다. 오이 덩굴처럼 잘 자라는 속성수速成樹다. 높이 50m, 지름 4m까지 성장하며 수명 또한 길다. 600~1,800년까지 산단다. 그러니 조림수造林樹로 가장 적합한 나무다. 여러 나무 중에서 간택된 낙우송이다. 일찍 1920년대에 미국 미시시피강 언저리에서 한반도로 시집온 수입종이다.

나뭇결이 치밀하고 무늬도 고아 건축이나 가구용으로 쓰이기도 하지만, 그것보다는 물속에서 잘 썩지 않는 체질로 침목枕木, 물통, 조선재造船材로 환영받는 수종이다. 간척지나 방풍림 조성에 절대적으로 필요한 나무이다.

장점 많은 나무다. 다른 나무보다 곧게 빨리 자란다. 다듬지 않은 자연 수형이 아름답다. 사계절 즐길 수 있는 나무다. 그뿐만 아니라 오래 살면서 무늬 또한 고아, 죽어서도 쓸모 많은 낙우송이다.

도서관에 드나들면서 우연히 만났지만, 볼 때마다 가슴에 파도를 일게 한다. '곧고 굵게 사는' 그의 '굳은 의지', 공중에 '기근'을 뻗는 '강기剛氣'가 내 심저心底를 간질인다. 자주 눈길이 가는 이유다.

그해 봄, 그리고 7년

7년 전, 인생 후기의 일터를 마련한다. 나무 키우는, 생소한 그 일을 한 계기는 이러하다.

30여 년 다니던 직장에서 퇴직한다. 아침 6시면 일어나 출근 채비하던 생활의 리듬이 멈춘다. 아내가 깨워줘야 밥 먹으러 일어난다. 허구한 날 무료한 나날이다. 오랫동안 굳어진 생활 균형이 무너졌기 때문이다. 대낮에도 거실에 멍하니 앉아 있기 일쑤다.

그날이 그날인듯 시간 보내기가 지겨워진다. 소파에 앉았다 누웠다 하며 신문과 잡지를 뒤적인다. 어쩌다 리모컨을 잡으면 티브이 채널을 1분이 멀다고 돌려댄다. 서너 달 그러다가 '이래선 안 되겠다.'란 생각이 든다. 무엇을 하든 나는 시간에 얽매여야 한다는 자각에 이른다.

'그래 무엇을 할까?'

무작정 전철을 탄다. 양평· 의정부· 수원 등지로 다니며 스치는 창

밖 풍경을 내다본다. 어디선가 내 할 일이 없겠느냔 시름에 잠긴다. 그렇게 궁리하던 어느 날 오이도 가는 전철 창 너머에 시선이 꽂힌다. 산자락에 이어진 밭에 벚꽃이 만발해 나를 끌어당긴다.

서둘러 안산역에 내린다. 그 밭을 찾아간다. 족히 이천 평이 넘어 보이는 밭에 내 키만큼 자란 벚나무가 움츠려진 내 가슴을 연다. 벌들이 때를 만난 듯 이꽃 저꽃으로 날아다니며 부지런히 꿀을 딴다.

그때 문득 시흥 밭이 떠오른다. 부모님 생전에 경작하시던 포도밭, 지금은 마을 사람에게 맡겨놓은 그 밭에 '나무를 심자'란 생각이 든다. 몇 번이나 벚나무밭을 돌면서, 사진을 찍으면서 심지를 굳힌다. 묘목값이 좀 들겠지만, 있는 밭에 날로 크는 나무이기에 실패할 일은 거의 없을성싶다. 또한, 생활 수준이 날로 향상됨에 따라 나무를 가까이하려는 의식은 더 늘어날 것이다. 가슴이 두근거린다. 헤매던 길을 찾은 양羊의 마음이 이럴까?

그다음 날부터 기상 시간이 빨라진다. 아침 7시에 맞춘 시계 알람이 울리기 전에 잠을 깬다. 어떤 나무를 심느냔 의문이 뇌리에 맴돈다. 컴퓨터를 열어 검색한다. '정원수', '가로수', '조경수'…. 수많은 나무의 신상을 읽으며 메모하고 밑줄 친다. 어제 들렀던 한국조경수협회 전문인의 말을 떠올리면서. '병충해나 추위에 강하고, 잘 자라며 경제성이 있는 나무'인지를.

메모해 밑줄 친 내용으로만 결정할 수 없어 길을 나선다. 양재·과천·옥천 등지의 이름난 묘목 시장을 찾는다. 어떤 나무가 좋겠냔 나의 질문에 조경사 대부분이 왕벚나무와 주목을 추천한다. 병충해가 없고 생명력이 강할 뿐 아니라 앞으로 꾸준한 수요가 예상된단다. 십 년을 내다본다면 나무를 심으라고 이구동성이다.

됐다 싶다. D 조경회사에 왕벚나무와 주목을 주문한다. 각각 750그루씩 심을 밭 작업을 서둔다. 조경수에 좋다는 소똥 거름 두 트럭 상당량을 실어와 흙에 뿌린 다음, 트랙터를 불러 밭을 간다. 배수가 잘되어야 한다기에 고랑을 깊이 판다. 스물다섯 이랑을 만든다. 묘목 산 회사에 의뢰하여 조경사가 나무를 심는다.

그날부터 1,500그루의 생명이 가족처럼 느껴진다. 심은 나무 모두가 나만 쳐다보는 듯하다. 하긴 낯선 내 밭에 와서 그 누가 돌봐줄 것인가란 생각이 든다. 뿌리에 흙 돋아주고, 지하수를 끌어다 물 주고, 풀 뽑고, 가지 치고…. 날마다 이른 아침이면 군인 사열하듯 나무에 다가가 이상이 있는지 묻는다. 아픈 데를 찾아 치유해주고, 가려운 데를 긁어준다. 마치 갓난애 돌보듯 늘 신경을 쓴다.

그러기를 7년, 벚나무는 거의 성목成木이 되어 간다. 나무는 그렇게 정직하다. 정성 들인 만큼 성장해준다. 다 큰 벚나무 400그루를 출가시켜 그동안 경비로 뽑아 쓴 '통장 빚'을 갚는다. 농장에서 일해 건강하고 수익성도 괜찮을 성싶다. 남은 벚나무와 주목을 합해 천여 생명이 곁에 있으니 든든하다.

그들이 내 눈치를 보며 산다. 창문 열면 내게 손짓하듯 반겨준다. 바람에 일렁이는 나뭇잎을 보고 있으면 내 몸도 마음도 덩달아 푸르러지는 듯하다. 생기가 돈다. 한여름 흠뻑 땀 흘리고 지하수로 샤워하는 시원함이란 경험해 보지 않는 이는 모른다.

봄엔 벚꽃이 피어 나비와 벌을 부르고, 가을엔 주목이 빨간 열매를 달아 새들이 날아들게 한다. 몰려온 새떼가 열매를 따며 조잘댄다. 이따금 마을 까치들이 날아와 고랑에서 먹이를 주우며 고개를 끄덕인다. 푸른 나무가 있고, 나무가 불러온 여러 생명이 즐기는 밭이 내 곁에 있어, 인생 후기 삶이 한결 흐뭇하다.

지난 7년간 땀 흘린 보람이다. 내 생애에 이만큼 한 가지 일에 열중해 본 적이 없으니, 이 일을 잘 시작했지 싶다. 그래선지 '그해 봄'처럼 또 한 번의 계기를 꿈꿔 본다. 저물녘의 과욕일지 모르지만.

봄바람 좀 들어 봤으면

봄이다.

남녘에서 봄바람이 불어온다. 어른대는 아지랑이 실어오는 그 바람을 가슴에 들이고자, 산수유꽃이 한창인 한강공원에 들어선다.

마포대교 그늘을 벗어나자 회오리바람이 인다. 길가 풀밭에서 낙엽 십여 개를 휘몰아 오더니 아스팔트 바닥 먼지까지 한 덩이로 뒹굴어 휩쓸어간다. 걷는 앞길을 청소해준다. 몰아온 쓰레기를 물빛광장분수 Cascade fountain 둔덕 밑에 쌓는다. 불어오는 따스한 봄바람만 해도 고마운데 길 청소까지 해주는 회오리바람이 칭찬받아 마땅하지 않은가.

가을이나 겨울에 더러 볼 수 있는 풍경이지만, 춘삼월에 청소하는 회오리바람, 그런 봄바람을 처음 봐서인지 신기하다. 별별 일을 다 한다는 생각이 든다. 하는 일이 한둘이 아닌 봄바람. 봄이 오면 뭇 초목을 흔들어 잠을 깨운다. 움을 돋게 하고 싹을 틔우게 한다. 꽃피면 그 향기를 싣고 와 벌과 나비의 후각을 자극해 꽃을 찾게 한다.

봄바람은 제 하는 일만큼이나 별명이 많다. 임철순 기자가 <하루

한 생각>의 칼럼에서 말하듯, 봄바람인 동풍東風과 곡풍谷風은 만물을 자라게 한다. 협풍協風도 같은 바람이다. 중국 순舜임금의 선조인 악공樂工 우막虞幕이 "이 바람[협풍] 소리를 듣고 음악을 만들어 만물을 낳게 했다"고 한 데서 나온 말이다.

그뿐만이 아니다. 봄바람은 온화하고 따뜻하여, '개풍凱風·온풍溫風·양풍陽風·혜풍惠風·춘풍春風이라고 불린다. 또한 화풍和風, 솔솔 부는 화창한 바람, 융풍融風, 입춘 때 부는 바람, 훈풍薰風, 훈훈한 바람, 꽃바람'이라고도 한다. 이런 봄바람은 식물을 일깨워 자라게만 하는 게 아니다. 사람 가슴에 스며들어 들뜨게 한다. 봄바람이 들면 이성理性을 잃어 본분을 잊게도 한다. 때론 패가망신을 당하기도 하는 바람이다.

인생의 봄바람을 쐬지 못한 아쉬움 때문일까. 이성을 약간 잃을지라도, 체면이 다소 깎일지라도 봄바람 좀 들어 봤으면 좋겠다. 차갑고 거친 내 마음이 온화하여 따뜻해지고, 남도 나도 잠 깨워 자라게 하는 '봄바람 같은 사람'이란 말을 더러 듣고 살았으면 싶다. 누구나 내 곁에 다가서면 따스한 훈기가 돈다는 다정다감한 사람이었으면….

또 본받고 싶은 회오리바람이다. 봄날 꽃길에 널브러진 쓰레기를 휙 쓸어다 한군데 모으는 청소 역할을 내가 할 수 있다면, 주위 사람으로부터 만구칭찬萬口稱讚을 받을 일이다. 예例의 회오리바람처럼.

봄바람을, 회오리바람을 내 가슴에 일게 할 묘안이 없을까? 공원 산수유꽃이 빙긋 웃는다.

공중화장실의 행복

단체관광하고자 전세버스 타고 고속도로를 달릴 때, 두어 시간 지나면 으레 휴게소에 들른다. 그때마다 함께 탄 40여 명이 한꺼번에 이용할 수 있는 널찍한 공중화장실이 있어 우리는 행복하다.

내 학창시절 때만 해도 어디를 가나 우리나라의 공중화장실은 좁은데다 불결하였다. 그랬던 시설이 지난 70년대 새마을운동을 전개하면서 개량하였고, 80년대 올림픽, 90년대 대전세계박람회, 2000년대 월드컵의 큰 행사를 치르면서 시설을 근대화하고 규모도 점차 늘려왔다. 외국 관광객에게 불편을 주지 않기 위해서였다. 그때부터 해마다 우리 화장실 시설을 개선하고 깨끗하게 꾸며온 게 참 잘한 일이었다.

먼 여행을 떠날 때 중간중간 휴게소에 들러 편리하게 이용하던 공중화장실이었다. 오갈 일이 많은 현대를 살다 보면 참아야 할 일이 수없이 많지만, 길 떠나 여행할 때 생리적으로 마려움便意을 느끼는 것만큼 참기 어려운 게 없지 않을까. 더욱이 고속도로에서 달리는 버스를 타고 있다면.

북시흥농협 조합원 해외연수단(34명, 2016.6.9.~16.)의 일원으로 참여, 동유럽 4개국을 순방하는 길. 헝가리, 오스트리아, 독일 뮌헨지역 연수를 마치고 마지막에 들를 나라 체코 프라하로 향할 때였다. 두 시간쯤 달린 전세버스가 휴게소에 들였다. 시설 규모는 우리나라 고속도로변에 있는 휴게소보다 작았지만 여러 편의점이 들어 있는 아담한 시설이었다.

여행 도우미가 안내한다. “많이 참으셨지요? 유료화장실입니다. 동전으로 각자 입장권을 사야 하니 줄 서 주십시오.”라고. 저마다 주머니에 동전을 찾으며 앞뒤 동료에게 빌려 어렵사리 입장권을 산다. 전차 타러 역에 들어갈 때처럼 기계에 입장권을 대고 화장실 앞에 선다.

거기에도 20여 명이 줄을 서 있다. 일행 모두 안색이 변한다. 달랑 소변기 2개, 대변기 1개뿐이다. 손 씻거나 세수할 때 손바닥이 잠길 만한 분량의 물을 담아 쓴다는, 근검절약의 소비습관으로 자리 잡은 ‘알파고니즘*’의 영향일까.

화장실 규모가 작고 입장권을 사야 하는 건 여기만이 아니었다. 거쳐 온 동유럽 관광지마다 엇비슷하였다. 헝가리 부다 왕궁에서나, 오스트리아 세계문화유산인 동화 속 할슈타트 마을에서나, 그리고 독일 뮌헨의 중심부 마리엔 광장에서나 공중화장실 규모나 운영 시스템은 크게 다르지 않았다.

빈Wien에서다. 현지 농산물 재래시장을 돌 때 도우미는 ‘납작 복숭아' 재배방법을 설명해줄 겨를이 없이 화장실을 찾아 일행을 줄 세우기에 바빴다. '수익자부담' 원칙에 따라 화장실 이용료를 사용자가 부담하는 게 합리적일지는 몰라도 현지 관습에 익숙하지 않은 일행은, 나는 당황했다. 야속하기까지 하였다.

이 지역 맥주 맛이 좋아선지 뮌헨에서, 버스 안에서 맥주를 물처럼 마시던 P 동료는 급하다며 앞에 선 나에게 순서를 양보해 달라고 요청하는 등, 너나없이 발을 동동거린다.

아득한 짙푸른 목장 저 너머로 우리나라 공중화장실이 무지개처럼 떠오른다. 벽면 따라 즐비한 소변기가 눈앞에 펼쳐진다. 우리 집보다 더 그리운 게 널찍한 화장실이다.

행복이 별다른 걸까?

급할 때 휴게실에 줄 서서 입장권 사지 않고, 화장실에 곧바로 들어가 움츠리며 용쓰던 마려움을 배설할 때 느끼는 가뿐함이 아닐까. 안절부절못하던 태산 같은 근심 · 걱정을 한꺼번에 해소하는 행복. 정류장마다 그런 공중화장실이 있는 한국에 사는 나는 더없이 행복하지 싶다. 이곳 선진국, 독일에서 새삼 느낀다. 부유한 나라, 잘 사는 집에서만 행복이 있는 게 아니란 것을.

*알파고니즘: 독일 영국 등 게르만 계통 나라 사람들의 사생활을 지배하고 있는 알파고니즘은 유명한 몰리에르(Moliere, 1622~1673), 프랑스 극작가의 희극 ≪수전노(守錢奴)≫의 주인공 알파공에서 따온 것인데 구두쇠가 연상되나 말 뿌리와는 달리 근검절약의 이상적 소비 철학으로 자리를 굳히고 있다.

말표, 그 하얀 고무신

안강安康 장날, 그날이 산 너머 구름처럼 떠오른다. 도봉산 등산길에 망월사 대웅전 섬돌에 놓인 신발 한 켤레를 보면서다. 티 없이 하얀 고무신에 아침 햇살이 내린다. 반짝반짝 빛난다.

그 하얀 고무신이 옛날을 불러온다. 하늘나라에 계신 어머니를. 산천이 일곱 번이나 변한 그 옛날, 나는 코 흘리는 초등(당시는 국민)학교 4년생, 철부지였다. 어머니의 아픈 속마음을 모르면서 뭐든지 사다 주기만 하면 그저 기뻐했으니, 사리 분별이 없었다. 깨워줘야 일어나는 잠꾸러기였다.

쫓기는 아침, 학교 갈 시간이 됐다. 책보 들고 문 여니 어머니가 내 검정 고무신을 닦고 계셨다. "이 신 좀 봐라, 옆이 터진 고무신을 여태껏 신고 다녔구나!"라고 하셨다. 그때는 나만이 아닌 대부분 학생이 고무신을 신고 학교에 다녔다. 더러는 슬리퍼[草履]* 같은 신을 신은 애들도 있었다.

그날 수업 받고 집에 돌아오니 어머니가 보이지 않으셨다. 늘 반겨 주곤 했는데, 웬일일까? 의아해하며 부엌을 기웃거리니 여동생이, "어머니는 안강장에 갔어요"라고 일러줬다. 나의 도시락 반찬거리가 떨어지거나 학용품 등이 필요할 때면 장에 가시던 어머니, 할 말을 아끼셨다.

지금 되새겨 봐도 알 수 없는 과묵. 좀처럼 의사 표시를 하지 않으셨다. 바다처럼 깊은 가슴속에 할 말을 꾹꾹 묻어두시는 듯했다. 자기 극복의 망치질이었을까? 아버지께 돈 달라는 얘기를 들어본 적이 없었다. 가정용품을 살려면 돈을 타서 시장가면 될 텐데, 그런 청을 하지 않으셨다. 돈을 스스로 마련하셨다.

손수 산에서 캔 더덕이나 도라지, 아니면 들에서 뜯은 푸성귀, 그도 아니면 콩·팥·참깨 등, 스스로 가꿔 거둔 잡곡 자루를 똬리도 없이 머리에 이거나, 손에 들고 장에 가시곤 하셨으니, 당신의 속내를 나는 알 수 없었다. 남부끄러웠다.

오늘은 또 뭣을 사서 오실까? 마을 앞 삼성산三聖山(591m)에 어스름이 깔리기를 기다린다. 그때쯤이 돼야 어머니가 장에서 돌아올 시간이다. 여동생을 부추겨 어머니 마중을 같이 갈려는 참에 아버지가 들에서 돌아오신다. "마중 가려고? 그래 어서 나가 봐라"고 하신다.

여동생 손 잡고 큰길에 나선다. 삼성산 자락을 휘도는 대구~포항간 48번 국도, 가파른 시티재에 교교皎皎한 달빛이 내린다. 저만치 어머니가 긴 그림자를 드리우면서 걸어오신다. 달려가니 "뭐라고 나왔냐?"라며 머리에 인 자루를 길가에 내려놓으신다. 장거리 한쪽에서 고무신 한 켤레를 꺼내신다. "신발이 닳으면 그때그때 말하라"고 하시며 건네주시던 '말표', 그 하얀 고무신!

신고 있는 거무튀튀한 검정 고무신보다 밝은 눈[雪]처럼 '하얀 고무신', 고무가 얇고 보드랍고, 바닥에 미끄럼 방지 기능까지 갖춘 최신의 고무신이었다. 내일 이 신을 신고 학교 갈 생각을 하니 가슴이 콩닥콩닥 뛰었다. 난생처음 신어볼 이 '하얀 고무신'을 손에 들고 마냥 기뻐하며 걷는데, 불현듯 지난날 어머니를 따라가 봤던, 시장에서의 하루가 머리에 스쳤다. 가슴 아픈 추억이었다.

오늘도 그랬을 어머니. 동해의 거센 바람에, 먼지 펄펄 나는 시장 바닥에 온종일 쭈그리고 앉아, 가져간 물건을 팔았을 것이다. 다 팔았으면 식당에 들러 잔치국수도 사 잡수시고, 집으로 돌아올 때 한 시간에 한 대씩 다니는 버스를 타고 오면 좋으련만, 그러지를 않으시는 어머니. 꼭 손수건에 싸간 쑥떡이나 누룽지 등을 잡수시고, 차가 지나갈 때마다 희뿌연 먼지구름 휘몰아치는 삼십 리 굵은 자갈길을 걸어서 오시니, 안타까운 마음이다.

그때는 몰랐다. 왜 그러셨는지를. 이 나이에 이제 깨닫는다. 아낀 국숫값과 버스비를 푼푼이 모아뒀다가 내 소풍 가는 날 사이다 사 먹으라고 주셨을 줄을. 이런 멍청한 맏아들이 이제 주먹 같은 눈물을 흘린다. 진부한 말이지만 '살아 계실 때 정성을 다하라'는 교훈이 또 한 번 나를 울먹이게 한다.

직장이, 수출이 뭐 그리 중요했는지, 맏이로서 해야 할 역할을 다하지 못했다. 아니 집보다 가족보다 일을 앞세우는 자신이었다. 그런 마음가짐으로 청장년기 30여 년간 낯선 땅을 밟았다. 무엇을 얻고 무엇을 잃었는가. 어머니 가시는 날은 나를 기다려주지 않았다. 지나가는 버스를 내다보시며, 이제나저제나 맏이가 오기만을 기다리다 지친 삶이 아니었을까. 세상에 이런 불효가 또 있을까?

'뻐꾹 뻐꾹', 무심하게 뻐꾸기가 운다. 나도 운다. 도봉산 정상을 향해 걸으면서 손을 휘저어도, 머리를 좌우로 마구 흔들어도 자꾸만 그날이 떠오른다. '안강 장날', 아픔과 한없는 아쉬움을 자아내는 '말표, 그 하얀 고무신', 그 고무신이 내 얼굴을 흠뻑 적신다.

*슬리퍼[草履]: 바닥을 고무로 만들고 끈을 달아 발가락 사이에 끼워 신는 신발

글이 전파를 탄다

전파의 시대다. 종이에 얹혀살던 글이 전파를 탄다. 빛의 속도로 날아다닌다. 이런 환경 변화에 나의 글쓰기도 탄력을 받았으면.

글 한 편을 쓰고자 국회도서관에 들어선다. 디지털도서관 컴퓨터 앞에 앉는다. 쓸 소재와 관련 있는 시詩 한 편을 찾고자 국회도서관 사이트에 '윤동주 시인'이란 핵심어(키워드)를 입력한다. 검색하니 이 키워드를 단 국내외 작가의 글이 주르르 뜬다.

그의 시뿐만 아니라 시인과 관계되는 내용이 기다렸다는 듯이 얼굴을 내민다. 그 가운데 내 이름이 언뜻 보인다. 웬일일까? 눈을 의심하며 자세히 들여다본다. '맞다!' 내가 쓴 글이다. 의아하게 생각하며 그 글이 검색창에 뜬 경위를 추적해본다.

2016년 여름에 쓴 글, '윤동주, 별과 시와 그의 삶'이었다. 계간 ≪생활문학≫지 <논단>란에 실었다. 정기간행물인 그 책이 국회도서관에 배포됐다. 담당 직원이 그 글을 국내 학술기사로 분류하여 인터넷에 올렸다. 그런 경위로 '윤동주'란 주인공 제하題下에 내 글의 주소가 떴다. "국내학술기사, 생활문학 통권 제111집, 페이지 111~120, …." 그 글의 출처를 말해준다.

혹시나 해서 또 한 편의 글을 검색한다. 2015년 가을, ≪생활문학≫에 게재한 '공초, 그의 무소유의 삶'도 같은 과정에 의해 '공초 오상순' 제하에 내 글의 현주소가 떠 있다. 이처럼 인터넷에 입력한 정보나 글은 누군가 엇비슷한 주제나 낱말로 검색하면 와르르 몰려와 제 주소를 밝힌다. 유유상종類類相從하는 그물망network·網을 형성한다.

지금은 국회도서관 정기간행물실室에서 위에 예시한 글을 읽을 수 있지만, 도서관 종이책이 점차 전자책e-book으로 바뀌고 있어, 앞으로 컴퓨터 검색창에서 그 글을 바로 열어 읽을 수 있게 된단다.

아니, 벌써 위의 두 글은 국회도서관뿐만 아니라 인터넷 포털 사이트portal site에 뜬다. 네이버NAVER에 검색하니 '학술논문'으로 재분류돼 떴다. 그 글의 성격과 유형을 재분류하여 소개한다. "국어국문학 전문정보, 저자명, 문서 유형, 학술지, 발행정보" 등으로 글의 신분을 밝혀준다.

신기하여 눈이 자꾸 검색창에 간다. 수필을 지도받은 오창익 교수의 대표작을 클릭한다. 글 한 편만이 아니라 책 한 권이 통째로 뜬다. 전자책으로 신분이 바뀐 ≪북창을 향하여≫란 수필선집이다. 전에 종이책으로 읽었던 작품을 화면에서 다시 읽으니 감회가 새롭다.

또 한 권의 책이 궁금하다. 전자책으로 바뀌었을까? 문단 선배 권예자 수필가의 ≪내 안의 피에타≫를 클릭한다. 그 책도 전자책으로 검색창에 뜬다. 작가를 만난 듯 반갑다. 화면에서 책장을 넘기며 그 책의 작품을 다 읽는다. 문학성이 짙은 50편의 수필을 다 읽으니 나이 든 게 안타깝다. 좀 늦게 태어났으면 공짜로 더 많은 책을 읽을 수 있었을 텐데….

편리가 만든 놀라운 발전이다. 컴퓨터가 그렇고 스마트폰이 그렇다. 휴대성이 떨어지는 종이책보다 전자책 읽기가 날로 늘어간다. 이 쏠림현상은 스마트폰이 촉매 역할을 한다. 우리나라 휴대전화의 보급률이 총 성인인구의 91%에 달한다. 손에 손에 휴대전화다. 전화기로 검색하여 읽을 수 있는 글이요, 책이다.

한 손에 쏙 들어오는, 살결처럼 매끈한 요술 상자에서 수백, 수천 권의 책을 찾을 수 있다. 물론 일부 전자책은 수수료를 내고 열어볼 수 있지만, 전자책 대부분은 그냥 열어 읽을 수 있다. 가게에서 줄 서 있거나, 출근하는 지하철 안에 서 있을 때, 산책하다가 공원 벤치에 앉아 쉴 때 손쉽게 열어, 읽을 수 있는 스마트폰이다.

이런 인터넷 기능과 전자책의 편리성을 진즉 알긴 했지만, 내 글이 국회도서관이나 일반 포털 사이트에 뜨는 줄은 미처 몰랐다. 저자도 모르게 '글이 전파를 탄다.' 빛처럼 날아다닌다. 달리 생각하면 인터넷의 매개로 미흡한 나의 글이 컴퓨터나 스마트폰에 떠서 독자가 느니, 고마워해야 할 일이지 싶다.

어쨌든 '종이 책'을 읽는 독자를 의식하여 쓴 글이 인터넷에 입력돼 언제 어디에서든, 누구나 편리하게 읽을 수 있게 '글의 영역'이 넓혀져 간다. 국경도 비자도 없는 전파는 밤낮을 가리지 않고 글을 싣고 세계 곳곳에 날아다닌다.

누구든 인터넷에 입력된 글이나 책을 검색하면 그 내용이 전파의 날개를 단다. 산 넘고 바다 건너 빛의 속도로 난다. 입력된 글과 관련 있는 단어를 검색하면 경쟁하듯 날아온다. 그중에 뜰 내 글, 이왕이면 누리꾼(네티즌) 독자들로부터 좋은 평가를 받아야 하지 않겠는가.

그렇다. '광속光速의 시대'에 구태의연하게 종이책만을, 국내 독자만을 의식하며 글 쓰는 자신, 정신 바짝 차려야겠다. 지구촌 누가 읽을지 모르는 '전파를 타는 글'이니까. 이러한 시대의 물결에 맞춰가며 글 써야 하는 건 저자의 몫이다.

독자는 상전上典이다. 어느 나라 누구나 편하게 읽고, 쉽게 이해할 수 있는, 그런 글을 써야겠다.

3부
묵은 갈대

갈대 하면
바람에 흔들리는
모습이 떠오른다.
그 몸짓을 상상하면
가슴이 따뜻해진다.

지문이 다 닳은 줄도 모르고

오랫동안 많이 쓰면 닳는 게 당연하다. 지극히 당연한 걸 모르는 채 무모하게 살아온 자신. 나의 식별 증표, 지문이 다 닳았단다.

영등포구청에서다. 여권 신청서를 담당자에게 건네자 지문검증(2010년부터 시행)을 해야 한다며 지문인식기를 가리킨다. 엄지손가락 집게손가락 등 열 개 손가락 끝마디 앞면을 차례로 그 인식기에 다 올려 봐도 담당자가 고개를 갸우뚱한다.

"지문이 없습니다."

"그래요?"

"나이 든 사람 중 손가락을 많이 써, 지문이 다 닳은 분이 더러 있습니다."라며 직계 가족을 묻는다. 큰애부터 막내까지 이름을 줄줄 답해 주니 컴퓨터에서 나의 가족관계 원부를 보고 있던 직원이 신원을 확인한 듯 여권 신청서를 접수해 준다.

"고맙습니다."

구청을 나서며 스스로 의아해한다. '왜 지문이 없을까?' 농장에서 밭일을 많이 해서 그럴까, 나이가 들어서일까, 아니면 타자기와 컴퓨터 자판을 많이 두들겼기 때문일까?

하기야 나이도 나이려니와 남달리 일찍부터 손가락 끝마디 앞면을 많이 썼다. 열일곱 살 때부터 텔레타이프 키보드Keyboard(자판)를 두들겼다. 1954년 2월, 국립 체신학교를 졸업하자 광화문에 있던 국제전신전화국(KIT)에 배치됐다. 주 업무가 외국과 교신하는 통신이었다. 전보, 은행 신용장, 특파원 외신기사 등을 텔레타이프 자판 글쇠를 쳐서 송신送信했다.

군 복무 중에도 영문 타자를 했다. 카투사KATUSA로 미군 병기창에서 인사와 보급업무를 담당하면서 늘 타자하는 게 일이었다. 제대 후 코트라KOTRA에 들어갔다. 해외무역관 근무를 하면서도 줄곧 타자기 자판을 두들겼다. 날마다 무역 정보와 시장조사보고서를 타자하여 본국에 보내곤 했다.

그뿐만이 아니다. 퇴직 후에도 글을 쓴다. 쓰는 게 아니라 밤낮으로 컴퓨터 자판을 두드린다. 이에 더하여 요즘엔 짧은 메시지까지 휴대전화 자판을 쳐서 보낸다. 그러고 보니 오랫동안 손가락 앞면을 자판에 쳐 댔다. 무려 칠십 년 가까이 '손가락 얼굴'을 두들겼으니 당연한 귀결이 아닌가. 돌인들 쇠인들 닳지 않았을까?

열 손가락을 그토록 혹사하고도 고맙게 여겨본 적이 없다. 남들처럼 손 마사지는커녕 크림도 자주 발라주지 못했으니 그저 미안하다. 밤낮으로 '너의 얼굴'을 두들겼지만 싫은 기색 한 번도 보이지 않았던 손가락. 그저 너를 쳐 내 할 일만 챙겼으니 이런 배은망덕이 어디 있나! 지문이 다 닳아도 그 사실을 모르고 있었으니. 이 나이에 지문이 얼마나 귀한지조차 인식하지 못했으니.

공자의 말씀이 떠오른다. “우리의 몸은 부모로부터 받은 것이니, 훼손하지 않는 것이 효도의 시작이며, 출세하여 후세에 이름을 날려 부모를 드러내는 것이 효의 끝이다”라고 하였다(身體髮膚 受之父母 不敢毁傷 孝之始也, 立身行道 揚名於後世 以顯父母 孝之終也).

그러한데 부모로부터 물려받은 나의 고유한 식별 무늬, 지문이 다 닳도록 손가락을 두들겨 이룬 게 무엇일까. 남달리 성취한 것도 없이 평생 변하지 않는다는 지문만 없앤 게 아닐까. 소탐대실小貪大失이지 싶다.

‘손가락 얼굴’을 다 잃은 상실감과 부끄러운 마음이 든다. 마모된 그 지문을 어디서 찾을 수 있을까. 다시 한번 볼 수도, 복원할 수도 없으니 이 일을 어찌하면 좋을까? 물려받은 증표 하나 제대로 간직하지 못한 채 두서없이 살아온 자신. 부모님께 이 이상의 불효가 또 있을까. 면목 없는 자식이다.

가여운 내 손가락. 오랫동안 남달리 혹사하여 마모된 내 지문. 안타까워 닳은 자리를 어루만져 본다. 지문은 사람마다 다르고 평생 변하지 않는다萬人不同 終生不變는데 밋밋하고 매끈하다. 살갗 무늬 하나 감지되지 않는다. 몇 년 전까지만 해도 도장 대신 지장指章을 찍곤 했는데 이제 그것마저 실효失效한 나의 생체 정보, 어디론가 가 버린 나의 정체正體, 바위처럼 무심하고 둔감했던 자신이었다.

굽이굽이 거친 인생 여정에 지문이 닳지 않게 살아갈 수는 없겠지만, 자신의 존재를 식별할 만큼의 지문을 보존할 책임은 내게 있다. 그러한데 '나는 내 지문을, 인식 증표를 사랑하지 않았는지, 않았는지?' 분별없이 살아온 자신이 측은하게 느껴진다.

윤동주, 별과 시와 그의 삶

‘별’은 희망이었고, 그리움이었다. 생애 내내 윤동주尹東柱의 시詩였고 어머니였고 조국이었다. 오늘(2016.3.31.)은 그가 별 헤던 ‘시인의 언덕’을 찾는다. 어제 봤던 영화(동주)의 끝 장면이 내 머릿속에서 지워지지 않아서다.

서울시 주최, 국제펜클럽 한국본부가 주관하는 시詩 문학기행으로 윤동주 문학관 탐방이다. 여의도 오성빌딩 앞에서 도톰한 자료와 물 한 병을 받으며 관광버스에 오른다. 10시가 되자 펜클럽 김경식 사무총장이 인사를 시킨다. 특이한 인사 방법이다. 자리에 앉은 채로 앞뒤 옆 사람의 얼굴을 보면서 “반갑습니다. 잘 오셨습니다. 잘 부탁합니다.”라며 모두가 손뼉을 친다.

벚꽃 피는 윤중로를 거쳐 개나리가 한창인 북악산 기슭 따라 자하문 앞에 닿는다. 활짝 핀 목련이 반긴다. 청계천의 발원지라고 불리던 언덕에 윤동주 문학관이 보인다. 일행 48명이 전시실에 들어선다.

'하늘과 바람과 별이 함께하는'이란 안내문이 보인다. 아홉 개 전시대엔 시인의 일생을 시간적 순서에 따라 배열한 사진 자료와 친필 원고 영인본影印本을 훑어본다. 이어서 시인의 일생과 시세계詩世界를 담은 영상을 감상하고 문학관 윗길, '시인의 언덕'에 올라선다.

인왕산 자락, 청운공원 제일 높은 언덕이다. 경복궁이 눈앞이듯 내려다보인다. 김 사무총장이 설명하는 윤동주의 문학과 삶에 관한 얘기를 듣는다. 시인의 대표 시를 논하자 기다렸다는 듯 우르르 시비詩碑 앞에 모인다. 그의 <서시序詩>를 같이 읽는다.

죽는 날까지 하늘을 우러러
한 점 부끄럼이 없기를,
잎새에 이는 바람에도
나는 괴로워했다.

별을 노래하는 마음으로
모든 죽어가는 것들을 사랑해야지
(……)

이 시에서 어두웠던 일제강점기를 살아온 그의 삶을 엿볼 수 있다. '한 점 부끄럼이 없기를, 별을 노래하는 마음으로', 절망 속에서도 자연과 희망을 노래한 시인이었다. 그에겐 조국이 없었던 1917년 12월 30일, 당시 만주 북간도 명동촌明東村에서 아버지 윤영석尹永錫(1895~1962)과 어머니 김룡金龍(1891~1948) 사이의 7남매 중, 맏아들로 태어났다.

북간도는 옛 고구려, 발해의 영토로 우리 땅이라는 의식이 있었으며 민족 교육과 독립운동의 거점이었다. 조부 윤하현尹夏鉉(1875~1948)이 기독교 장로여서 유아 세례를 받을 수 있었다. 민족정기를 가슴에 새기면서 자랐다. 태극기가 게양된 현지 초중등 학교에 다녔다. 당시 가족과 이웃들의 화두는 민족과 독립이었다.

그래선지, 그의 시에 가장 많이 등장하는 시어詩語는 '별'이었다. 조국 광복은 별처럼 멀리 있었다. 이런 민족적인 자각이 늘 가슴 속에 꿈틀거렸다. 동급생인 고종사촌 송몽규宋夢奎가 북경으로, 문익환文益煥이 평양 숭실중학교로 유학을 떠나자, 그는 부모님을 설득하여 1935년 9월 숭실중학교에 편입했다. 이 무렵 동주童舟란 필명으로 월간 ≪가톨릭소년≫지에 동시 <병아리>, <빗자루> 등을 발표했다.

한편 일본판 세계문학 전집과 한국 작가의 소설, 시집을 두루 탐독하였으며 특히 정지용과 김영랑 시집을 정독했다. 1937년 8월에는 100부 한정판인 백석의 시집(사슴)을 완전히 베껴 필사본을 만드는 등 열정이 대단했다. 나는 그처럼 문학 전집을 다 읽어보고 좋아하는 글을 통째로 필사한 적이 있는가?

평양의 숭실중학교와 고향의 광명학원을 거쳐, 1938년 송명규와 함께 서울 연희전문학교에 입학했다. 의과를 지망하라는 아버지께 단식하며 호소하여 문과에 들어갔다. 입학 직후에 <새로운 길>이란 시를 썼다.

자신의 삶이 새로운 길로 들어섰음을 스스로 알렸다. 꾸준히 배우면서 현실에 대해 성찰했다. 이화여전 협성교회에 적을 올렸다. 케이블Elmer M. Cable 목사 부인이 지도하던 영어 성서聖書를 배웠다. 이 무렵 릴케, 발레리, 지드 등 외국 유명 작가의 작품을 읽는 한편 프랑스어를 공부했다. 학구파였다.

연전延專에서는 최현배 교수의 조선어 강의와 손진태 교수의 역사 강의를 들으며 민족문화의 소중함을 깨우쳤다. 또한, 이양하 교수에게 영시英詩를 배우며 자신의 문학관을 정립해 나갔다.

문학에 남다른 재능이 있어 연희전문 재학 중 여러 작품을 쓸 수 있었다. <비 오는 밤>, <슬픈 족속>, <사랑의 전당> 등의 시와 동시 <산울림>, <고추밭> 등을 썼다. 학교 기숙사 생활을 하다가 새로 입학한 정병욱鄭炳昱(1922~1982, 전 서울대 국문과 교수)과 같이 하숙집을 찾았다. 누상동 소설가 김송金松(1909～1988)의 집이었다. 부인 조성녀는 성악가였다. 저녁 식사가 끝나면 음악을 들으며 문학과 삶에 관해 얘기를 나누곤 했다.

스스로 선정한 주위 환경이 시를 쓸 수 있게 했다. 음악이 흐르고, 인왕산이 보이고, 반짝이는 별빛이 내리는 하숙집이었다. 그는 산책을 즐겼다. 사람들이 어머니를 닮았다고 해서일까. 늘 미소로 따뜻하게 대해주던 어머니를 그리워했다. 어머니와 고향 마을이 그리울 때면 정병욱과 함께 산에 오르곤 했다. 산山물이 좔좔 흐르는 수성동水聲洞 계곡에서 이곳 청운공원까지 걸으며 하늘의 별을 세지 않았을까. 아마도 그러면서 시를 착상했을 것이다.

그의 대표 시 <서시>와 <자화상>, <별을 헤는 밤> 등 원숙한 작품이 이 시기 또는 그 직후에 썼다. 시 내용의 절정기가 정병욱과 함께 있는 동안이었다. 그만치 동행하는 벗이 중요하다는 것을 새삼 느낀다. 나는 그런 환경에서 글을 쓰고, 그런 벗과 함께하고 있을까?

윤동주의 시엔 그의 일상과 현실적인 상황이 반영돼 있다. 마치 일기 쓰듯 자기류의 시를 썼으며, 그의 작품엔 창작 연도와 날짜를 명시하고 있다. 학교에서 발행하는 ≪문우文友≫지에 그의 시를 발표했으며, 당시에 쓴 <별 헤는 밤>은 언제 읽어도 읽는 이가 별을 헤는 그의 정서에 젖는다.

계절이 지나가는 하늘에는
가을로 가득 차 있습니다.

나는 아무 걱정도 없이
가을 속의 별들을 다 헤일 듯합니다.

가슴 속에 하나 둘 새겨지는 별을
이제 다 못 헤는 것은
쉬이 아침이 오는 까닭이요,
내일 밤이 남은 까닭이요,
아직 나의 청춘이 다하지 않는 까닭입니다.

별 하나에 추억과
별 하나에 사랑과

별 하나에 쓸쓸함과
별 하나에 동경(憧憬)과
별 하나에 시와
별 하나에 어머니, 어머니,
(……)

그러나 자연과 벗하여 시를 쓰던 누상동 하숙집 생활도 길지 않았다. 다섯 달 정도였다. 일본 형사들이 김송과 윤동주의 방을 가택 수색하여 가지고 있는 책 목록을 기록하고 편지를 압수해 갔다. 1941년 9월, 할 수 없이 정병욱과 그는 형사들의 눈을 피해 북아현동으로 하숙집을 옮겼다.

그해 12월 27일 연희전문을 졸업할 무렵 19편의 시를 묶어 77부 한정판으로 책을 출판하려 했다. 그러나 "책 발간은 검열을 통과해야 할 뿐 아니라 신변 위험을 피하기 어려우니 보류하라"는 이양하 교수의 권유로 유보했다.

일제 막바지의 공세는 날로 심해져 갔다. '일본식 성명 강요'의 요구가 빗발쳤다. 고향 집에선 일제의 탄압을 못 견뎌 윤동주의 성姓을 히라누마平沼로 바꿔 개명했다. 그해 1월 24일에 쓴 시 <참회록>이 고국에서의 마지막 작품이었다. 그의 '일본식 성명 강요'에 관한 저항시였다. 일제의 부당한 강요로 개명하게 돼 참담함을 느꼈다. 부끄럽고 참혹한 아픔을 참고 견뎌야 하는 심정을 '참회'라는 말로 고백했다. 민족 저항 시인으로서 본색을 드러낸 시기였다.

그즈음 부친이 일본 유학을 권했다. 개명한 서류를 연희전문에 제출하고 졸업증명서와 도항증명서를 발급받는 등 출국절차를 서둘렀다. 1942년 4월 2일, 도쿄의 릿쿄立教대학 영문과에 입학했다. 도쿄에서의 외로움 때문일까. 그해 여름방학 때 북간도 고향을 다녀온 후 송몽규가 다니는 교토 도시샤同志社대학 영문학과에 편입학했다. 도시샤대학은 그가 가장 좋아하는 정지용 시인이 다닌, 기독교계 학교였다. 전시체제의 살벌한 분위기 속에서도 윤동주는 학교의 자유로운 학풍을 만끽하고, 여러 벗과 어울리며 한결 안정된 유학생활을 할 수 있었다.

하지만 도시샤대학 전학은 불행이었다. 죽음의 길이었다. 여름 방학을 맞아 고향으로 돌아갈 준비를 하던 중 송몽규와 함께 일본 경찰에 체포됐다. 교토 시모가모下鴨 경찰서에 구금된 죄명은 '독립운동'이었다. 일본 경찰의 감시를 받던 송몽규와 더불어 조선 유학생을 모아놓고 독립과 민족문화의 수호를 선동했다는 죄목이었다.

유치장을 거쳐 감옥에 갇혔다. 그가 일본에서 쓴 시와 산문 대부분이 이 무렵 압수돼 유실했다. 처음에 묵비권을 행사했지만, 경찰 조사관은 윤동주 앞에 보란 듯이 많은 서류를 던졌다.

그 서류는 지난 한 해 동안 일본 경찰이 자신을 미행하고 엿들은 정보를 그대로 기록한 문서였다. 일거수일투족에 관한 내용이 자세히 적혀 있었다. 윤동주는 놀랐다. 절망적인 상황이었다. 당시 그는 민족의식을 각성시키는 문화운동을 하려고 했다. 연극을 통하여 실현하고 싶었을 뿐이었다. 그러나 일본 경찰은 그 문화운동을 더 엄중하게 여

졌다. 교토지방재판소는 치안유지법 위반 혐의로 2년 형을 선고했다.

투옥한 규슈九州 후쿠오카교도소 생활은 비참했다. 독방에서 콩보리밥 한 덩이와 단무지 몇 쪽이 식사였다. 그때 갇힌 한국인들은 생체실험을 당하고 있었다. 그의 당숙 윤영춘의 증언은 이러했다. “송몽규를 감옥에서 만났는데 그는 반쯤 깨어진 안경을 눈에 걸었고, 푸른 죄수복을 입은 50여 명의 한국 청년이 주사를 맞고 있었다.”

이름 모르는 인체 실험용 주사를 맞았기 때문일까? 교도소에서 비보를 보냈다. ‘시인이 1945년 2월 16일 새벽에 세상을 떴다.’는 청천벽력이었다. 별처럼 빛나던 미완의 청춘! 조국 광복을 불과 6개월 남겨두고 그의 육신은 한 줌의 재가 돼 북간도로 돌아왔다.

1945년 3월 6일, 눈발이 휘날리는 날 장례식을 치렀다. 문익환의 부친인 문재린 목사의 집례였다. 그날 북간도가 울었다. 27년 2개월의 짧고 순결한 삶을 민족의 제단에 바쳤기에. 시와 삶이 일치하여 민족의 등불이 되었기에. 결혼한 아내도 사실상의 연인도 자식도 없었기에. 이 장례식에서 그의 시 <자화상>과 <새로운 길>을 낭송하여 그의 영혼을 전송했다.

북간도 사람들의 민족의식에 고개가 숙여진다. 유해는 그가 태어나 자란 고향 교회 묘지에 안장했다. 이해 6월 4일 가족은 그의 무덤에 묘비詩人 尹東柱之墓를 세웠다. 그의 가족이 ‘시인’이라고 제일 먼저 인정했다.

그의 유고 시집은 광복 후 1948년 1월에 출판할 수 있었다. 연희전문 졸업 기념으로 발간하려던 그 원고의 필사본, ≪하늘과 바람과 별과 시≫를 정병욱 어머니가 항아리에 담아 마루 밑에 보관해 왔기에 가능했다. 정지용의 서문과 함께 유고 시집으로 처음 빛을 보게 돼 윤동주란 시인을 세상에 알리게 됐다.

당시 한국 시단을 대표하는 시인이라고 말할 수 있는 정지용은 서문에서 '무시무시한 고독에서 죽었구나! 29세가 되도록 시도 발표하여 본 적도 없이!'라고 하여 윤동주의 죽음을 애도했다. '시인'으로 정식 데뷔하지 않았기에 정지용은 이렇게 서문을 쓰지 않았을까?

최동호 시인은 유고 시집을 해설하는 <오늘의 상황에서 윤동주 시 읽기>에서 이렇게 기술했다. "윤동주는 이 한 권의 유고 시집으로 무명 시인에서 일약 일제 말 암흑기를 대표하는 시인으로 자리 잡게 되었으며, 암흑기의 하늘에 빛나는 별과 같은 민족 시인으로 평가되었다."라고.

돌이켜 보면 윤동주 시인은 절망 속에서도 희망을 노래했다. 그에게 '시'란 쓸쓸한 자신 내면의 고백이자 자기 성찰이었다. 보편적인 쉬운 말로 맑고 고운 서정시를 썼으며, 내재한 뜻이 깊었다. 보기 드물게 시와 생애가 일치하는 삶을 살았다. 암울한 시대에 자신의 정체성을 놓치지 않았다.

많은 지식인이 앞장서서 친일하던 시기에 고집스럽게 일본어 상용을 하지 않았다. 줄곧 한글로 시를 썼다. 그의 심저心底에 외로움과 그리움이란 결핍의 정서를 깔고 있었다. 암흑기의 어둠은 그의 젊은 가슴을 두드렸다. 그런 제약 속에서 반짝이는 '별 하나를 품고' 새날의 희망을 노래했다.

그 '별'이 그의 시였다. '별 하나에 시와 별 하나에 어머니와 별 하나에 조국'을 기렸다. 그랬기에 잃은 조국을 사랑한 한 무명 청년이 시대를 거듭할수록 국민적인 시인으로 사랑받고 있다. 모교 연세대, 도시샤대, 교토 그가 살던 아파트 자리, 그리고 그가 뛰놀던 고향 동산에도 시비를 세우고, 해마다 2월 16일이면 그를 추모하는 행렬이 이어지고 있다.

그뿐만이 아니다. 실증이 있다. 영화 ≪동주≫가 대성황大盛況이다. 적은 제작비(5억 원)로 만든 흑백 영화인데도 개봉(2016년 3월 12일) 24일 만에 누적 관객 100만 명을 넘어서고 있다. 이 영화의 마지막 장면이 또 떠오른다. 윤동주의 독백이다. "이런 세상에 태어나, 시를 쓰고 싶은 것이, 시인이 되고 싶은 것이 부끄러워 견딜 수가 없다."

그의 시집 ≪하늘과 바람과 별과 시≫도 인기도서가 돼 15만 부 이상 팔렸으며 꾸준히 대중의 관심을 끌고 있다. 짧은 생애였지만 그의 시와 삶은 긴 여운을 남기고 있다. 교과서, 시집, 영화, 연극 등으로 부활하여 강한 생명력을 가졌으니. 그 이유가 뭘까?

그가 순수하고 진실한 삶을 살아서다. 솔직하게 자신을 드러내 가슴을 파고드는 인간적인 시를 써서다. 맑은 동심으로 시를 쉽게 썼지만, 깊이가 있어 독자 나름의 해석이 가능하다. 시인이 '서시'에서 말하듯 '한 점 부끄럼 없는 삶을' 살았기 때문이다. 최동호 시인이 말했듯, 하늘나라로 간 그의 영혼이 또 하나의 별로 승화하여 빛이 되고 있다. '시인의 별'이다.

남의 눈치 보지 않고 우리 글을 쓸 수 있고, 수많은 문예지와 신문 등의 지면이 있어 작품을 자유롭게 발표할 수 있는 오늘이다. 그런데도 시인처럼 쉬운 말로 상징적인, 인간적인 작품을 쓰지 못해선지 '시인의 별'이 나에게 넌지시 말해 준다. '부끄럽지 않으냐?'라고.

'시인의 언덕'을 내려서며 큰 숨을 내쉰다. 누상동 시인의 옛 하숙집을 찾아가는 내내 영화 끝 장면, '윤동주의 독백'을 되뇐다.

세 번의 기회

'인생에 세 번의 기회가 온다'고 한다. 나의 기회는 몇 번이나 왔으며, 또 올 기회가 있는지 궁금하다.

내겐 두 번의 기회가 있었지 싶다. 남보다 잘 살아오거나, 큰 성취를 이룬 게 아니다. 다만, 나름대로 다가온 기회를 놓치지 않고 붙잡아서 근근이 견뎌온 삶이 아닐까?

첫 번째 기회는 놓칠 뻔했다. 고등학교 진학 기회였다. 영천永川중학교 졸업을 앞둔, 6·25전쟁 중이었다. 대구 상고에 입시시험을 치고 돌아오는 길에 엽서를 사려고 우체국에 들렀다.

입구 벽면에 광고가 눈길을 당긴다. 부산에 피난 온 국립체신학교 학생모집 안내다. 수업료는 국비이고 기숙사가 있는 데다 수복하면 서울로 환도한다는 내용이다. '서울 환도!', 눈이 번쩍 뜨인다. 서둘러 입시원서를 보내고 그날부터 절에 들어가 20여 일 공부를 한다. 전국적으로 치러지는 시험으로 대구에서 응시한 날은 해동解凍의 햇살이

유난히 밝은 교실에서 시험지를 메꾼다.

운 좋게 합격통지를 받았다. 날 듯이 기뻤다. 부모님은 "대구 상고로 가라"고 하셨다. "맏이인 네가 이 터전을 지켜야지 먼 데 가면 안 된다"는 이유였다. 학비가 들지 않으며 졸업하면 공무원으로 근무하게 된다는 말씀을 드려 부산 영도다리를 건널 수 있었다.

학교는 전철 종점 영도 등대가 보이는, 파도 소리 철썩이는 바닷가에 새로 지은 임시 건물이었다. 교실 벽엔 송진내가 물씬 풍겼다. 운동장엔 선박에서 하역한 안남미가 산처럼 쌓여 있었다. 흙바닥 교실에 책상을 놓고 '돈 쯔 돈 돈, 쯔 돈 돈~' 무선통신 부호를 외웠다.

전국 각지에서 온 학생의 거친 사투리 말씨가 싫지 않았다. 모든 게 새롭고 언젠가 서울로 갈 수 있다는 꿈에 부풀렀다. 아이러니하게도 그해 여름 수시로 동원돼 머리에 흰 수건을 두르고, 광복동 거리를 달렸다. '휴전반대' 구호를 외쳤건만, 그 구호와는 정반대의 결과가 오게 됐다.

1953년 7월 27일 판문점에서 '휴전협정'이 체결됐다. 모두가 반가워했다. 나만이 아닌 전교생(350여 명)의 환호성이 터져 나왔다. 그해 9월 13일 부산을 떠나 서울에 환도할 수 있었다. 기적 소리도 우렁차게 울리며 서울역에 닿았다. 거리마다 파괴된 건물로 어수선하였지만 그리기만 하던 서울에 온 게 꿈인 듯싶었다. 나의 첫 번째 기회였다.

그 기회가 두 번째 기회를 만들 수 있는 댓돌이 됐다. 세종로 84번지에 있었던 국제전신전화국(KIT)에 근무하면서 주경야독으로 학교에 다녔다. 외국에 전화를 걸거나 전보를 보내고자 찾아오는 외국 특파원 · 주재원 · 군인들로부터 짧은 영어를 배울 수 있었다. 또한, 영문 타자와 텔레타이프Teletype를 익힌 덕이었을까? 군에 입대하여서도 카투사KATUSA에 편입됐다. 부평에 있던 병기창에서 인사와 보급을 담당하면서 미군과 같이 근무하고 생활할 수 있었다. 제대 후 코트라KOTRA에 들어갈 수 있는 밑거름이 됐다.

두 번째 기회였다. 큰 거리마다 '증산 · 수출 · 건설'의 플래카드가 펄럭이었다. 이왕이면 '국정 지표' 중 하나의 물결을 타고자 했다. 세계를 무대로 하는 수출 일선에 나가 뛰고 싶었다. 코트라에서 운영하던 수출학교 정규과정을 이수하고 3년간의 실무 경험을 쌓아 첫 무대, 일본 나고야에 파견됐다.

1971년 그때의 수출 가능 품목은 1 · 2차산품이었다. 인삼, 한약재, 도자기, 나전칠기 공예품, 직물류 등의 샘플을 들고 현지 구매자를 찾아다녔다. 그때는 주재하던 나라마다 수출목표가 있었다. 계획된 수출목표를 달성하지 못하면 가족과 함께 본국으로 소환되었기에 밤낮으로 뛰지 않을 수 없었다. 신규 수출상품의 거래성약去來成約도 있어야 했다.

그로부터 국내 1~2년, 해외 3~4년간의 순환근무로 일본, 미국, 브라질, 세네갈 등지로 전전하면서 30여 년간 수출 일선을 누볐다. 판로와 구매자를 발굴하는 시장개척 활동을 전개하였다. 낯선 타국에서 고생이야 많았지만, 매년 늘어가는 수출 실적에 뿌듯한 자긍심을 느끼곤 했다. 그뿐만 아니라 너른 세상을 돌아다니면서 나름대로 식견을 넓힐 수 있었다. 그랬으니 두 번째 기회를 놓치지 않았던 해외 연수가 아니었나 싶었다.

다행인지 불행인지 애들이 외국에 살게 됐다. 동반가족(아내와 1남 2녀)으로 현지에 체재하면서 최종학교를 졸업하게 된 일본과 미국에서, 제 원하던 직장에 취업하여 생활하고 있다. 이산가족이 됐으니 내겐 쓸쓸한 삶이지만, 그 애들이 원했던 길이니 어쩌면 다행한 일인지도 모르겠다.

이제 직장을 퇴직한 세 번째의 기회다. 자신의 삶을 살찌우는, 어릴 때부터 꿈꿔오던 '문학의 길'이다. 퇴직 후 동아문화센터 수필강좌를 들으면서 글쓰기를 시작한 게 어느덧 10여 년이 된다. 그동안 변변찮은 책도 내긴 했지만, 아직도 갈 길이 멀다. 읽고 또 읽고, 자꾸만 읽고 싶은 그런 글 한 편을 썼으면 하는 바람이다.

되돌아보면 기회는 절실히 바라고, 그 기회를 잡고자 부단히 노력하는 데서 얻을 수 있었다. 기회는 저절로 오지 않았다. 끊임없이 준비한 이에게 다가온 기회였지 싶다.

그래선지 잘 쓴 남의 글을 읽고 또 베낀다. 쓰는 한 편, 한 편의 글에 그동안 배우고 겪은 나의 모든 지식과 경험을 쏟아부으리라. 그런 습작으로 오늘도 밤잠을 설친다. 마무리의 세 번째 기회가 '유종의 미'를 거두어야 할 텐데….

뜻밖의 폭풍우

세상을 살다 보면 구름 낀 앞길이 활짝 트일 때가 있다. 그러기에 힘들고 고달픈 일상을 견디면서 반전의 그 날을 그리는가. 작고 짧은 즐거움일지 몰라도 오늘이 그런 날이다.

아내가 농장에 가는 나를 만류한다. "오늘은 미세먼지가 극심해서 밭일을 할 수 없어요"라며 집에서 쉬라고 권한다. 하지만 연일 이어진 찜통더위로 밭에 간 지 한참 돼 채소밭에 잡풀이 수북하지 싶다. 상추도 손바닥 크기로 자라 뜯어다 먹어야 할 것 같아, 애초 마음먹은 대로 농장으로 향한다.

앞이 캄캄하다. 근래 드물게 미세먼지가 심해서 시계가 자욱하다. 희뿌연 길을 조명등으로 밝힌다. 차를 천천히 몰아 시흥 밭에 닿는다. 컨테이너 농막에 들어가 커피를 타 마시며 의자에 앉는다. 신문을 펼쳐 '사드THAAD' 관련 사설을 읽는데 라디오 뉴스가 흐른다. 기상이변 소식이다. '일본 규슈지역 남쪽에서 발생한 돌풍이 폭우를 몰고 한반도에 접근하고 있다'는 기상 특보다. 오늘 밭일은 틀렸다는 생각에 컴퓨터를 켜고 어젯밤에 쓰던 글을 연다.

40여 분 글 쓰고 있는데 바깥이 요란하다. 천둥소리가 울리더니 번갯불이 번쩍인다. '우당탕~'거리더니 굵은 빗방울이 유리창을 때린다. 폭풍이 빗줄기를 이리저리 몰고 다닌다.

한 시간여 후려치던 폭풍이 비만 몰고 온 게 아니었다. 앞이 잘 보이지 않게 하던 미세먼지도 어디론가 함께 몰아갔다. 어둡던 바깥이, 대기가 언제 그랬느냐는 듯 맑게 개고, 햇살이 눈이 부실 정도로 쨍쨍하게 내리비친다. 온천지가 말끔해져 파란 하늘이 보인다.

이때이다 싶어 채소밭에 들어간다. 고추 줄기 높이로 자란 잡풀을 뽑는다. 흙이 빗물에 젖은 때문인지 풀을 약간만 잡아당겨도 그냥 쑥쑥 뽑힌다. 부추 사이에 자란 바랭이도 쉽게 뽑아낸다. 상추도 빗물에 씻겨 햇볕에 반짝인다. 딱 쌈 싸 먹기 좋을 만큼 자라 있다.

오랜만에 상추 뜯고 부추 베고, 주렁주렁 달린 풋고추와 오이를 딴다. 오늘 저녁 풍성한 푸성귀 밥상을 그리면서, 오이를 깎아 한 토막씩 애들 입에 넣어줄 기쁨을 상상하면서….

오늘은 밭에 오길 참 잘했다는 생각이다. 앞을 가리던 미세먼지를 '뜻밖의 폭풍우'가 몰아가 줬다. 인간이, 내 손이 어쩔 수 없었던 '어둡던 대기大氣'를 단숨에 밝게 해준 폭풍우의 위력에 감사하고 싶다.

때로는 인생 여정에 이와 같은 이변도 더러 있기에 살아볼 만하다고 하는가.

굳은살

오른손 넷째 손가락 앞면 가운데가 도톰하다. 단단한 살이 가지런히 돋아 피멍같이 보인다. 조경수 키우는 밭(1,260평)에 며칠간 잡풀을 뽑았더니 생긴 굳은살이다. 엄지로 더듬어 보면 거칠한 느낌이 든다. 내려다보니 의문이 생긴다.

왜 살결이 굳어졌을까? 거친 잡풀을 뽑고자 힘들여 잡아당기니 연하디 연한 속살을 보호하고자 벽을 치는 일이지 싶다. '살결 벽', 누가 시키지도 않았는데 스스로 위기를 판단하여 속살을 지켜주는 굳은살. 외풍이나 바깥 기온을 차단하고자 방에 벽을 치는 일, 방어벽과 크게 다르지 않을 것 같다.

생각하니 내 속살을 지켜주는 굳은살이 고맙다. 이만큼 나는 내 속살을 사랑하지 못한 것 같다. 어떤 세포가 그런 역할을 해주는지 몸은 내 생각보다 더 영리하고 감수성이 뛰어난 것 같다. 신기한 몸이다. 내 몸의 방어막이 되어주는 살결, 그런 디엔에이DNA를 물려준 부모님께 감사하고 싶다.

굳은살은 이번만이 아니다. 20~30대에 테니스를 했다. 주말이면 테니스장을 찾아 연습도 하고 친구들과 어울려 경기도 하곤 했다. 그 시절 라켓을 잡았던 오른손바닥에 굳은살이 생겼다. 그때는 속살을 보호하기 위해 굳은살이 생긴 걸 의식하지 못했다. 연륜이 가르쳐주는 것일까. 글을 쓰다 보니 사물을 관찰하는 눈이 달라졌을까?

이제 철이 드는가 싶다. 굳은살이 고맙게 느껴진다. 이런 일이 어디 굳은살뿐일까. 우리 집 벽에도 감사한 마음이다. 나를, 우리 가족의 바람막이 되어주는 벽이 아닌가. 굳은살처럼. 또 감사해야 할 데가, 고맙게 여겨야 할 이가 누구누구일까 곰곰이 생각해본다.

호칭의 벼슬

8만7천6백 그릇.

어림잡아 내가 먹은 밥그릇 수다. 하루 세끼 80년 동안 먹은 밥. 이렇게 많은 밥을 먹고 살아왔나! 갖가지 생각이 든다. 먹을거리를 준 우리 논밭에, 밥을 지어준 여러 사람에게 많은 빚을 지고 있구나.

그중에서도 어머니가 30여 년, 아내가 50여 년간 지어준 밥이 가장 많다. 하숙집과 식당 등 남의 집에서 사 먹은 밥도 더러 있긴 하지만, 대부분이 두 사람이 지어준 밥이다. 그런 밥의 끈기로 오늘의 내가 있다.

운명이다. '인연의 끈'으로 얻어먹은 밥. 어머니와 아내라는 '호칭의 연緣'으로, 정성껏 지어준 밥을 먹고 살아온 자신이다. 남보다 많지 않은, 생활비에 못 미치는 월급을 갖다 주긴 했지만, 밥값을 했다는 말이 선뜻 나오지 않는다. 쭉 얇디얇은 월급봉투였으니.

그래선지, 오늘 K 문화센터 특강을 듣는다. P 강사가 강조하신다.

"사람은 밥값을 해야 한다. 세상에 공짜는 없다."는 말에 공감한다. 산 너머 구름처럼 의구심이 떠오른다. 나는 '8만7천6백 그릇'의 밥값을 하고 사느냐?

나름대로 잘살아 보고자 동분서주했지만, 떳떳이 내세울 만한 성취가 없다. 남들처럼 넉넉한 생활할 수 있는 돈을 번 것도 아니다. 그렇다고 별처럼 반짝이는 명예를 얻은 것도 없다. 또한, 식량을 준 우리 논밭에 감사한 적도 없고, 척박한 그 땅에 거름 한 줌 뿌려준 일도 없으니 거의 공짜로 얻어먹은 밥이지 싶다.

그 밥을 지어준 어머니와 아내에게 많은 빚 지고 산다는 것을 이제 깨닫는다. 낳은 '자식'이란, 맺은 '남편'이란 '호칭의 벼슬'로 그냥 얻어먹은 밥이다. 묵묵히 따끈한 밥을 지어, 갖가지 내 '결핍의 영양소'를, 양념을 버무려 맛깔스러운 반찬을 곁들인 밥상. 자신의 먹을거리를 아껴, 내 그릇에 담아주며 그저 많이 먹기만을 바라셨던 두 사람. 싱싱한 제철 채소로 영양분을 준, 태반胎盤 같은 생명의 은인이다.

그런 은인에게 아무런 보답도 없이, 고맙다는 말도 없이 미적대고 사는 자신을 의식한다. 너무 가까운 사람, 늘 곁에서 나를 꽃처럼 대해주던 두 사람이기에, 의당 그럴 것이란 '벼슬의 타성'에 젖었다. 흠뻑 젖었다. 어머니와 아내 처지에서 보면 주기만 하고 받지 못한 만년 '부실 채권'이지만, 숙명으로 여긴다.

4억3천8백만 원.

밥그릇 수에 요즘의 건설 현장 백반값(오천 원)을 곱한 금액이다. 이렇게 많은 빚을 지고 산다. 이 나이에 이 정도로 건강한 것도 두 사람의 정성스러운 밥의 덕이지 싶다. '빚 갚고 살아야지' 하는 생각이 산더미 같은 파도로 밀려온다. '빚의 밀물'이 가슴을 두드린다.

강의 듣고 집으로 돌아오는 내내 누군가 내게 질책하는 소리가 꽁무니에 이어진다. '이 사람아, 세상에 태어나서 밥값은 하고 살아야지.'

나목 앞에서

늦가을이다.

여의도공원에 들어선다. 색색의 단풍잎이 엽서처럼 휘날린다. 느티나무·은행나무·단풍나무 잎이 모목母木의 슬하에서 멀어지기 서운한지 느릿느릿 내린다. 옷 벗은 나무는 지난 봄여름을 열심히 살아선지 피부가 거무튀튀하다.

산책로 한쪽에 벤치가 기다린다. 햇살에 반짝이는 단풍잎을 쓸어내고 그 자리에 앉는다. 신문을 한참 읽다가 한기를 느끼고서는 배낭에서 누비옷(패딩)을 꺼내 입으니 문득 의문이 생긴다.

나무는 옷을 벗는데 나는 옷을 입는다. 그나 나나 한기의 느낌은 같을 텐데란 생각이 든다. 나무는 봄여름 동안 잎과 꽃을 피워 제 할 일을 다한다. 나뭇잎이 강한 햇살과 바람을 막아준다. 광합성 작용으로 양분을 만들어 모목을 성장케 하는 에너지를 공급한다. 꽃 피워 열매 맺는 동력이 된다. 가을에 접어들면서 단풍들게 한 제 옷을 벗는다. 나목裸木이 된다.

나무는 그러한데 나는 속옷에 겉옷 입고 그 위에 두꺼운 오리털 누비옷까지 껴입고 있으니 어느 쪽이 옳은 겨울나기일까? 고개를 갸우뚱한다. 그도 나도 다 같이 통과해야 할 영하의 터널, 겨울이다.

겨울나는 방법이 서로 다르다. 나무는 춥지만, 옷을 벗어 가벼운 몸으로 겨울나기를 준비한다. 가지와 잎의 수로인 떨켜를 막아 수분의 공급을 끊는다. 물기 없는 잎이 단풍들어 떨어지게 하는 모성의 아픔은, 봄에 새 생명을 잉태하려는 강한 의지다. 더 많은 자손을 갖고자 하는 모목의 꿈이다.

어찌 보면 진실한 사랑의 발로일지 모른다. 수많은 잎에 쌓여가는 폭설의 무게로 가지째 날벼락을 맞는 것보다 고운 옷 물들여 입고 스스로 떨어지게 하는 어머니 나무의 깊은 사랑이 아니겠는가?

맨몸의 모목은 겨우내 잎들이 먹을 수분을, 에너지를 뿌리에 저장한다. 아지랑이 아른아른 다가오는 날이면, 그 에너지를 펌프질하여 새잎과 꽃을 피운다. 모성의 지극한 내리사랑이다. 나력裸力이다. 말 못하는 나무지만 강한 집착과 의지로 지혜로운 삶을 산다.

추위는 겨울만의 전유물이 아니다. 거친 세상을 살아가는 우리의 삶에도 겨울 추위가 있다. 따뜻하던 '마음의 온도'가 세속世俗의 얼음으로 낮아져 가고 있다. 이웃을, 주위를 훈훈하게 하는 '마음의 보온'이 '몸의 보온'보다 더 중요하지 않을까. 살아가는 일이 차갑고 어려울 때마다 속마음을 가리는 옷을 얼마나 많이 껴입었는가. 위선의 옷, 가식의 옷, 순간을 모면하기 위한 임기응변의 옷을.

나목에 시선이 간다. 추위에 벌벌 떨고 있을망정 희망찬 새봄에 건

강한 새 생명을 그린다. 어머니를 닮은 나무다. 추워지면 늘 봄맞이를 준비하는 나무가 현명한 삶이지 싶다. 찬기가 들면 옷을 껴입고, 봄이 와도 꽃 한 송이 피우지 못하는 나는 벤치에서 일어나 다시 걷는다. 옷 벗은 나무들을 뒤돌아보는 움츠린 내 모습이 낯설게 느껴진다. 집으로 향하는 걸음걸음 앞에 나뭇잎이 근심처럼 떨어진다.

가벼워지는 나무, 벗은 맨몸으로 겨우살이 하는 당찬 그 의지 앞에 연약한 자신을 의식한다. 새봄을 꿈꾸며 '이한치한以寒治寒*' 하는 나무가 부럽다.

찬바람이 인다. 이 겨울에 나무처럼 강하지 못해 '몸의 옷'을 다 벗지는 못할지라도, 그동안 겹겹이 껴입은 '마음의 옷'을 하나씩 벗어가야지. 가벼워져야지. 그리하여 태생적인 본래의 내 '마음 온도'만이라도 지켜가야겠다. 인생 늦가을에 벗고 싶은 '마음의 덧옷'이다.

*이한치한(以寒治寒): 이열치열(以熱治熱)과는 반대로, 추위를 통해서 추위를 다스리는 것을 의미한다.

작은 배려

도쿄에 오면 마음이 푸근하다.

따뜻하게 챙겨주는 딸이 있어서만은 아닌 듯하다. 그동안 '식食 배려'가 유별난 일본인의 마음 씀씀이에 익숙해져서인 것 같다. 전에 나고야무역관에 근무할 때 내가 즐기던 밥반찬이 상에 오른다. 국그릇 앞에 종지가 가지런히 놓이니 내심 흐뭇하다. 작은 그릇에 담긴 여러 반찬이 맛깔스러워 보인다.

어제저녁엔 알이 꽉 차서 통통한 열빙어(시샤모)를 노르스름하게 잘 구워, 톡 쏘는 고추냉이(와사비)와 함께 내오더니, 오늘 아침, 성탄절엔 나의 생일상을 차려준다. 조갯살 넣은 시원한 미역국을 비롯하여 지난날 즐겨 먹던 성게젓, 명란젓, 우엉조림, 갖가지 어묵(가마보코)을 곁들인 밥을 맛있게 먹는다. 정성껏 차린 밥상이라서 그럴까. 그릇이 작고 양이 적어서 더 맛있는 것일까? 잘 먹었다는 말을 이렇게 건넨다. "도쿄에 십여 년 살더니 음식 솜씨가 많이 늘었구나, '작은 것에 신경 쓰는 배려'도 배우고!"

후식이 나오니 큰애(미국 거주)가 기타를 든다. 영국 폴 매카트니 Paul McCartney의 명곡, ‘yesterday’를 연주하며 따라 부른다. 탁자 위에 놓인 디지털사진 액자*에서 필름처럼 돌아가는 추억의 사진들과 하모니를 이룬다. 연주 감상을 하며 커피를 한 잔 마시고 나니 딸이 온천으로 모시겠다고 해서 집을 나섰다. 전차를 탄다. 전망이 빼어나고 온천물이 좋기로 소문난 요코하마 만요노유(萬葉の湯)로 향한다.

창 너머로 금빛 햇살이 쏟아진다. 한겨울인데도 따뜻하다. 차 안은 비교적 조용하다. 이어폰을 꽂고 스마트폰 화면을 보는 젊은이가 가끔 눈에 띄긴 하지만, 통화음이나 기계음이 들리지는 않는다. 나이 든 사람 대부분은 신문이나 책을 읽고 있다. 남을 의식해 소음 내지 않는 ‘절제의 배려’이다.

전차 안 손잡이가 시선을 끈다. 늘어뜨린 길이가 다른 두 가닥. 키 작은 사람이나 장애인을 배려하여 만든 긴 것과 정상인의 키 높이에 맞춘 짧은 게 나란히 드리워 있다. 삼각형 손잡이 고리 위에 군청색 깡통이 보인다. ‘혼잡할 땐 스마트폰을 꺼주십시오’라는 안내문이 쓰여 있다. 복잡한 찻간에서 남을 배려하여 스마트폰을 꺼달라는 안내나 키 높이에 따라 손잡이를 선택할 수 있게 배려한 건, 낯선 이의 마음을 따뜻하게 해준다.

한 시간여 달린 전차는 요코하마에 닿는다. 온천은 빌딩 안에 있단다. 바다가 펼쳐지는 8층에서 딸이 사준 입장권(2,700엔)을 들고 안으로 들어선다. 일본 전통 옷(기모노)을 입은 도우미가 허리를 굽히며 신발주머니를 건네준다. 아내와 딸은 여탕으로 나와 큰애는 남탕으로 들어간다.

옷장 간격까지 신경 써준 게 은근히 고맙다. 내 옷장과 큰아 옷장 사이에 세 칸이나 간격이 떨어져 있다. 아마도 동행인 상호 간의 옷 벗는 머쓱함을 배려한 것일 게다. 우리나라에서 여럿이 목욕탕에 갔을 때 입장 순서대로 연번호 옷장 키를 받은 기억이 난다. 옷 벗을 때나 탕에서 나와 옷 입을 때에 서로 거북함을 느꼈던 전례 때문인지, 이런 세세한 데까지 신경 써 준 종업원의 배려가 감동스럽다.

온천물이 끓는다. 부글거리는 이 탕 저 탕을 즐기며, 유리창 너머로 펼쳐진 바다를 내다본다. 흰 갈매기가 떼 지어 선회하는 저 하늘 끝자락, 뉴스에서 영하 10도라던 서울의 추위를, 광화문의 촛불 시위를 떠올리며 나만 즐기는 듯한 미안함을 느낀다.

여덟 개의 탕이 있어선지 손님이 한 군데에 우르르 몰리지 않는다. 많아 봐야 네댓 사람씩 탕에 앉아 있다가 다른 탕이 빌 때면 그때야 옮겨 간다. 이것도 역시 남을 배려하는 마음이지 싶어 은근히 부럽다.

어느덧 12시 30분, 가족과의 약속 시각이다. 일회용 면도기를 사용하고 나니 양치질을 하고 싶다. 비닐 포장 안에 든 칫솔이 대나무 바구니에 쌓였지만, 치약이 눈에 띄지 않는다. 두리번거리니 종업원이 다가와 일러준다. "칫솔모毛에 치약이 코팅돼 있습니다."

칫솔과 치약이 한 세트인 제품이 개발됐다는 말은 들었지만, 처음 보는 상품이다. 지난날 칠 년 넘게 일본에 체재하였지만 달리는 문명에, 넓혀져 가는 '배려'에 낯선 이가 돼 간다. 난 이곳 사람들과 달리 남을 배려하는 마음가짐이 부족하지 싶다.

같은 문인이기 때문일까. 나의 부족한 배려를 뉘우치고 있으니 일본 여류작가 미우라 아야코三浦綾子(1922~1999)가 해처럼 떠오른다. 그 작가의 '이웃 배려'가 바닷물에 반짝이는 햇살처럼 내 앞에 빛난다. 그녀는 크리스천이었다. 기독교 잡지 <이치지쿠>, <무화과>를 통해 미우라 미쓰요三浦光世를 알게 돼, 1959년 결혼했다.

이 부부가 고향인 홋카이도 아사히카와시北海道 旭川市에서 경영하던 잡화점이 날로 번창하여 규모를 넓혔다. 이웃 가게들이 장사에 큰 지장을 받았다. 그래서 작가는 늘어난 가게 규모를 줄이고, 남는 시간에 글을 썼다. 그 글이 '이웃 배려'의 열매로 돌아왔다.

<빙점氷點>이란 소설이었다. 1964년 아사히신문의 일천만 엔 현상공모에 당선했다. 그녀의 대표작이며 장기 인기도서가 됐다. 일본 최고 작가로 알려졌을 뿐만 아니라 우리나라에서도 <빙점>를 비롯하여 <양 치는 언덕>, <길은 여기에>, <사랑한다는 것, 믿는다는 것(에세이집)> 등 그의 작품 146편이 번역, 출간됐다. 소설가이자 에세이스트였다. 이웃 가게를 의식하여 제 가게의 규모를 줄인 배려가 돈보다 귀한 큰 영광을 안겨줬다. 역지사지易地思之의 '작은 배려'가 점원에서 대작가로 인생을 바꿔준 교훈의 실화로 남았다.

오늘은 '작은 배려'를 보고 배운 날. 딸이 정성껏 조리해준 따뜻한 밥상이, 작은 그릇의 맛깔스러운 반찬이 나의 눈을 열어줬다. 작은 것에 시선이 가게 했다. 바깥나들이에서 스치는 작은 서비스와 배려에 관심이 머물렀다.

전차 칸에서 남을 배려하는 조용한 분위기, 키 작은 이도 손잡이를 잡을 수 있게 배려한 서비스 정신, 옷장 키 하나 주는 데까지 남의 입장을 살펴주는 종업원들, 탕 안에서 쉬는 사람들의 고요한 분위기를 흩뜨리지 않고자 전망 좋은 앞 탕으로 옮기지 않고 뒤 탕에서 기다리는 여유로운 마음 씀씀이, 칫솔 하나하나에 치약까지 코팅하여 넣는 '작은 배려'가 생활 주변 곳곳에 눈에 띄었다.

그리 대단한 것도 아닌, 우리 힘으로, 내 힘으로 못할 것도 없는 '작은 배려'가 가슴을 데워준다. 그동안 남을 배려하는 것보다 '내가 먼저'란 자의식에 젖어 산 나날이 아닌가. 할 수 있는데도 하지 않는 것은 게으름이다. 해야 할 일을 다짐하기에 지금이 가장 좋은 시기, 연말이다. '작은 배려'를 '새해 신조'로 삼으니 귀로歸路 내내, 내 마음이 푸근하다. 오랜만에 도쿄에 온 내게 이것저것 세심한 배려를 해준 딸애가 새삼 고맙다.

*디지털사진 액자(Digital photo frame): 전자식 액자에 내장된 사진들이 일정한 시간(1~2분)마다 멈췄다가 돌아가는 시스템.

아, 한줄기 소낙비

목마른 동식물에 해갈解渴만큼 절실한 것도 드물다. 날이 가물어 갈증에 시달리는 묘목들이 내 발길을 당긴다.

시흥 밭에 닿는다. 가녀린 묘목들이 목말라 시들하다. 삼 주 전에 사 다 심은 어린나무, 한 뼘 정도 자란 구상나무 오백 주다. 심은 후 듬뿍 물을 줬지만, 그 후 계속 비가 오지 않아, 파랗던 작은 빗살 같은 잎들이 솔가리처럼 붉은색을 띤다. '살려야지', 조경사의 주선으로 어렵사리 구한 앞날의 내 꿈인데.

밭 한가운데에서 지하수를 떠다가 물을 주는데 굵은 땀방울이 비처럼 쏟아진다. 내의까지 흠뻑 젖은 내 모습을 수신水神이 안타깝게 여겼는지, 비 몰아오는 소리가 들린다. 우당탕우당탕하는 천둥소리. 서산 정상엔 먹구름이 산처럼 솟아오르고 그 산 너머로 번갯불이 번쩍거린다.

비 오기를 비는 '기우제'도 지내지 못했는데 적시適時에 비 소식이 아닌가! 물론 대기 불안정에 의한 대류운對流雲의 발달로 소낙비가 내리지만, 그 비를 갈구한 내 마음속의 간절한 기원도 한몫했을 것이다. '갈구'하여 이루는 게 어디 비뿐일까. '늘 갈구하고 늘 도전하라Stay Hungry, Stay Foolish' 스티브 잡스의 말이 이루지 못한 일에 새삼 각오를 다지게 한다.

바람도 기다렸다는 듯이 가세加勢하여 비를 밀어준다. 땀방울보다 굵은 빗방울이 좔좔 내려 옷을 적신다. '살았다'는 묘목의 환호성이 들려오는 듯하다. 하기야 그들에겐 생명수다. 내겐 적우適雨이자 호우好雨다. 야구에선 이런 걸 '적시안타'라고 한다든가. 날로 메말라 가는 삶에 이런 '안타'가 더러 있어, 땀 흘린 보람을 느끼기도 한다.

하늘에서 물 쏟듯 비가 내린다. 농막에 돌아와 다 젖은 작업복을 갈아입는다. 머그잔에 커피를 탄다. 창문 때리는 빗소리가 시원하다. 상쾌한 기분이다. 그래선지 근래 드물게 커피 맛이 일품이다. 부드럽고 달다. 이런 날이 연중 몇 번이나 있을까? 그냥 서울 아파트에서 티브이나 보고 있었다면 땀 흘리고 마시는 이러한 커피 맛도 느끼지 못했을 것이다. 또한, 농장에 소낙비도 오지 않았을지도 모른다는 생각이 든다.

'절실해야, 갈구해야 얻는다'는 말에 믿음이 간다. 떨어지는 홍시를 받아먹으려면 감나무 밑에 자리 깔고 드러누워야 한다. 비를 바란다면 갈증을 느끼는 현장에서 갈구해야 '수신'이 비를 내려주지 싶다.

이참에 가문, 갈증을 느끼는 내 '글밭'에도 해갈이 되었으면 하는

'갈구'를 하고 싶다. 문장 군데군데에 딱 들어맞는 '적어適語'가 떠오르지 않아 덮어둔 <시티재에 어둠이 깔리면> 외 두세 편이다. 혹여 행운이 겹겹으로 올지 모른다는 생각에 커튼을 올린다. 컴퓨터 앞에 반듯이 앉는다. 내 체온이 식은 예의 문장을 연다.

그동안 멈춘 시간만큼이나 굳어진 나의 '글밭'에도 '일물일어一物一語'*의 한줄기 소낙비가 내렸으면….

*일물일어: "하나의 사물을 나타내는 데 적합한 말은 하나밖에 없다." 프랑스의 유명한 사실주의 소설가 구스타브 플로베르(Gustave Flaubert, 1821~1880)가 했던 말.

묵은 갈대

갈대 하면 바람에 흔들리는 모습이 떠오른다. 그 몸짓을 상상하면 가슴이 따뜻해진다. 살아서만이 아닌, 죽어서도 흔들리며 후손을 보듬는 정성이 지극해서다.

한동안 뜸했던 여의도 샛강공원에 들어선다. 한강 물이 흘러내리는 수로水路 따라 걷는다. 6월의 햇살을 받으며 생태연못 주위에 닿는다. 군락을 이뤘던 누런 갈대밭이 초록 옷을 갈아입었다.

지난 4월에 여기를 들렀을 때만 해도 묵은 갈대가 촘촘히 서 있었는데 불과 두 달 사이에 새 갈대가 내 키만큼 자랐다. 습지라서 빨리 자랐을까. 몰라보게 성장한 새 갈대만 보이고 묵은 갈대는 눈에 띄지 않는다. 다 어디로 갔을까. 풀 속을 들여다본다. 새 갈대 사이사이에 허리를 꺾고 비스듬히 기울어 있다. 위로만 커가는 제 분신을 쳐다보며, 제 할 일을 다한 듯 흐뭇해하는 것 같다.

후손을 알뜰히 챙기는 갈대. 그것의 생장 과정이 그렇다. 봄여름

동안 속성으로 자라서 꽃이삭을 단다. 씨방 끝에 많은 관모冠毛를 만들어, 종자가 제 살 곳으로 날아가게 한다는 그 과정이 갈대의 전생前生이라면, 후생後生은 묵은 갈대다. 그 묵은 갈대가 후손을 위해 겪는 아픔이 가슴을 아리게 한다.

다른 한해살이풀처럼 가을에 잎을 떨어뜨리지 않는다. 나서 자란 제 뿌리의 끈을 놓치지 않는다. 그 자리에서 겨울을 난다. 언 몸을 서로 부딪치며 서걱거린다. '아프다.'는 신음이다. 그처럼 마른 몸을 부대끼며 꼿꼿이 선 채 해를 넘긴다. 제 허리까지 쌓인 눈 속에서 추위를 견딘다. 북풍 휘몰아치는 차디찬 겨울에 물 한 방울 끌어 올리지 못하는 속 빈 몸으로 설한풍을 이겨낸다. 강하다. 할 일이 남아 있어 잠들지 못하는 묵은 갈대다.

빛바랜 마른 몸으로 바람에 흔들렸다가 다시 제자리로 꼿꼿이 선다. 센 바람이 불 때면 전신을 기울였다가 다시 똑바로 선다. 한두 번 그러는 게 아니다. 수천 번 수만 번, 이루 헤아릴 수 없을 만큼 흔들리곤 바로 서기를 반복하는 몸짓. 그런 아픔을 겪는 묵은 갈대가 왜 울음이 없겠는가. 신경림 시인은 '갈대는 속으로 운다.'라고 읊는다.

언제부턴가 갈대는 속으로
조용히 울고 있었다.

그런 어느 밤이었을 것이다. 갈대는

그의 온몸이 흔들리고 있는 것을 알았다.

바람도 달빛도 아닌 것,
갈대는 저를 흔드는 것이 제 조용한 울음인 것을
까맣게 몰랐다.

(……)

한해살이풀들이 다 잠든 긴 겨울 동안 제 몸을 움츠리지 않고, 곧은 자세로 추위를 견뎌낸다. 다가올 봄에 새싹 틔울 뿌리의 바람막이가 된다. 후세가 제대로 싹을 틔우는지 지켜보는 파수꾼이다. 여름이 다 가오면 쑥쑥 자라는 아기 갈대의 지지대가 된다. 어린 갈대가 다 자랄 때까지 몸을 기댈 수 있도록 기둥처럼 서 있는, 묵은 갈대의 절절한 어미 사랑. 흔들리며 사는 까닭을 이제 알 것 같다.

살아서나 죽어서나 바람 따라 흔들리지만, 꺾이거나 쓰러지지 않는다. 그런 강한 의지와 힘은 아기 갈대에 대한 무한한 사랑에서 비롯될 것이다. 부성父性·모성애母性愛일 것이다. 나는 후손을 그렇게 사랑했는가. 그토록 보듬었는가?

묵은 갈대의 깊은 뜻을 헤아리지 못한 우리네 인간, 아니 나 자신이 갈대를 비하해 오지 않았는가. 속이 빈 가벼운 갈대 같다느니, 줏대가 없다느니, 나약하다느니, 쉽게 마음이 변하는 사람 같다느니…. 묵은 갈대의 속마음을 알지 못하고 바람에 흔들리는 겉모습만 보고 빗대어

말하며 업신여겨 온 것이다.

갈대의 전후생前後生을 통틀어 생각해 보면 어찌 줏대가 없고, 나약하며, 쉽게 변하는 갈대라고 말할 수 있겠는가. 바람에 맞서지 아니하고, 흔들렸다가 다시 제자리로 바로 서는 슬기로운 그 지혜, 그 버팀의 힘은 후손을 보듬는 마음에서 우러나온 진한 사랑일 것이다. 자신을 희생하면서 후손을 챙기는 알뜰한 정성이지 싶다.

갖은 역경을 겪은 묵은 갈대의 마지막 가는 길도 예사롭지 않다. 어느 날엔가 아기 갈대가 홀로 버틸 만큼 자라면, '이제 됐다.'라는 듯 슬그머니 제 몸을 눕힌다. 선 자리를 후세에 내어주고 누운 채로 새 갈대의 거름이 된다. 거룩한 한살이의 마무리요, 뜨거운 내리사랑이다. 자식에 대한 부모의 마음이 다 그렇다고 하지만, 묵은 갈대의 내리사랑에 미칠 수 있을까. 부끄러운 자신이다.

그래선지 나는 때때로 그 묵은 갈대의 흔들리는 몸짓을 떠올린다.

Old Reeds

When I think of reeds, I think of reeds swaying in the wind. Picturing their movement warms my heart. It reminds me of their unwavering devotion to their progeny in death as well as in life.

I visit Saetgang Park in Yeouido for the first time in a while. I walk along the waterway fed by the Han River. I reach the Ecological Pond bathed in the sun of June. The yellow reed colony has changed into its green spring coat.

Old reeds still took up a good, dense area of the colony back in April when I last visited—the new reeds have grown as tall as me in just two months. Do reeds grow faster in the wetlands? All I see are the new, thriving reeds that changed the landscape unrecognizably, and I cannot see the old reeds. Where have they all gone? I peer in closer. The old reeds are collapsed in half among the new. Watching their offspring grow up and up, the dead reeds are content: My work is done.

The reeds take good care of their progeny. It is part of their life cycle. They grow fast over the spring and summer months, and develop spikelets. If the life of a reed consists of growing ample pappi at the tip of its ovary and sending seeds off in the wind, the afterlife is spent as a rotting reed. The suffering the old reed endures for its descendants makes my heart ache.

Unlike other annual plants, the reeds don't shed leaves in the fall. They do not let go of the roots that gave them life and nurtured them. They spend the winter in the spot where they were born and raised. They rustle, their fixed bodies knocking into each other, letting out painful moans. They remain standing tall as their bodies dry up. They live out the remainder of the year enduring the cold as snow falls and comes up to their waist. In the harsh winter, they face the northerly winds and blizzards with their hollowed out bodies that can no longer draw up a single drop of water. They are strong. They cannot go to sleep yet when there is work left to be done.

Their faded, dried-up bodies sway in the wind and stand straight back up again. When the wind is strong, they bend the entire length of their bodies and come back up. They repeat this over and over, thousands and tens of thousands of times. The act of being swayed countless times and picking itself back up again—how could an old reed in such pain endure without crying? Poet Shin Kyeong-nim muses that reeds cry on the inside.

> At one point the reed began
> quietly crying inside.
>
> It must have been one of those nights. The reed
> became aware that its entire body was swaying.
>
> The reed couldn't see that what swayed,
> neither wind nor moonlight, might ever be its own
> quiet cry.
>
> (……)

Through the long winter when other annual plants are sleeping, the reeds do not cower, but endure the cold standing tall. They protect the seeds from the winds, so that they may germinate in the coming spring. They are guardians that watch over the continuation of the next generation. Come summer, they provide support for the thriving young reeds. The heartbreaking parental love of the reeds that remain as pillars until the young reeds can stand on their own—the reeds teach me the value of persevering through a life of swaying.

The reeds sway in life and in death, but they do not break or fall. Their strong will and strength must come from their boundless love for the young reeds. It must be paternal, maternal love. Have I ever loved my descendants as the reeds do? Have I ever cared for them so?

Haven't we humans—haven't I, rather—ignorant to the deep meaning embodied in the old reeds, berated them? Associated them with the weak and fickle ("hollow and flimsy as the reed," "easily swayed like the reed")?

When we think of the life and death of the reeds, how could we call them backboneless, weak, and fickle? The wisdom and tenacity of reeds, which do not fight the wind but bend and rise up again, must come from their true affection for their descendants.

The death of the old reeds, after a lifetime of woe, is also unfailingly moving. When the young reeds grow as tall as the old reeds, they gently lay themselves down as if to say, my time has come. Giving way to the progeny so that they may stand where the old reeds stood, they conclude their life of warm devotion to their children by fertilizing the ground where their descendants will live on. All parents love their children, but could they love as the old reeds do? The thought humbles me.

So, from time to time, I picture the old reeds swaying in the wind.

About the Author

Chang made his debut as an essayist in Creative Essays in 2003, as a sijo poet in Life Literature in 2010 and as a literary critic in Life Literature in 2016. He is the columnist of "Healing Essay" for Digital Chosun. He won the 7th Siheung Literary Award, Tagore Literature Award and Life Literature Award. He has published On the way to Starbucks and 5 other essay collections as well as a sijo collections, Feast of Dream Trees.

-E-mail: byungsunchang@gmail.com

-Address: Kumho Richensia B-3004, Yeouidong-ro 213,
Yeongdeungpo-gu, Seoul, Korea

-Mobile Phone: +82-010-3893-7461

4부
징 소리

'언젠가 그 징 소리를
다시 들어봐야지,
징~지잉~' 울리는,
내가 치는 그 징 소리를.

정상 오르기

정상 오르기는 쉽지 않다.

산 정상만 해도 땀 뻘뻘 흘리며 깔딱고개를 넘고 넘어야 산정山頂에 올라 성취의 기쁨을 맛볼 수 있다. 그만큼 힘든 일이기에 '정상 정복'이라 한다. 서서 걷는 인간도 그러한데 하물며 똑바로 서지 못하는, 옆으로 기는 덩굴식물에서야 더할 나위 없다. 그러한데 단단한 담 아닌 흔들리는 나뭇가지를 붙들고 오르고 또 오른 '칡의 정상 오르기'는 놀랄만한 '정상 정복'의 성취가 아니겠는가.

성취다. 기적 같은 정복이다.

주인공 칡은 경기도 시흥에 산다. 내 농장 입구, 물왕저수지 버스 정류장 길가가 제 터전이다. 가로수로 줄 선 벚나무 주위에 칡넝쿨이 엉켜 있다. 뾰족뾰족 고개 쳐든 활촉 모양의 순筍이 경쟁하듯 벚나무 줄기와 가지에 매달린다. 한두 뼘가량 고개 쳐들고 위로 향하다가 주위에 손(순)이 닿을 만한 나뭇가지가 보이면 성큼성큼 자란단다. 제 몸집(줄기)을 줄여가면서 위로 쭉쭉 뻗는 끈기는 '성장의 열망'이다.

"하루 50cm나 자라기도 한다"는 마을 사람 얘기를 들은 후, 농장을 오가며 그의 성장에 시선이 머문다. 땅 위를 기거나 곁에 있는 나무나 숲에 기대여 크는 게 그의 운명인데 예의 칡은 '정상 지향志向'이다. 벚나무 줄기에 기어오르다가 윗가지와 가까운 데 있는 옆 가지를 타고 위로 오르고 또 오른다. 한 계단씩 올라선다. 어느덧 3.5m쯤 돼 보이는 벚나무 중간 위치까지 오른 칡!

저렇게 성장하는 칡이 부럽다. 퇴직 후 다람쥐 쳇바퀴 돌 듯 그날이 그날 같은 삶을 사는 침체한 삶이기 때문이다. 여름 휴가지에서도 궁금하다. 지금쯤 칡은 벚나무의 정상에 올라섰을까.

열흘간 바닷바람 쐬고 돌아오니, '나 보란 듯' 칡 두 줄기가 벚나무 맨 윗가지에 올라서서 머리(순)를 곤두세우고 있다. 눈부신 햇살을 흠뻑 들이마신다. 열망하던 정상에 올라선 승자다. 벚나무 머리 부분의 아래가지와 맨 윗가지 사이로 파란 하늘이 보인다. 저 공간, 50cm도 더 돼 보이는 뻥 뚫린 허공 윗가지에 어떻게 손을 뻗쳤을까, 자세히 쳐다본다.

칡만의 힘이 아니었다. 도움을 받았다. 보람된 일로 여겼는지, 딱하게 생각했는지 거미가 벚나무 정상 부분의 위아래 가지 사이(약 50~60cm)에 다리를 놨다. 아래가지까지 올라온 칡 순이 그 거미줄을 타고 정상에 오르게 됐다. 거미줄이 칡 줄기가 기어오를 길을 텄다. 그 다리를 타고 오른 칡의 '정상 극복'이 어떤 목표의 과녁 없이 사는 나를 자극한다. 땅을 기던 칡도 층층의 난관을 뚫고 정상까지 오르는데….

추측건대 칡이 거미에 도움을 청했지 싶다. 왕거미한테 "좀 도와주세요"라며 머리(순)를 굽신거리며 간청했을 것이다. 손짓 몸짓 다 해가며 거미의 마음을 움직였을 것이다. 그 거미줄 가교에 칡이 줄기를 덧대었으니 까마귀와 까치가 은하수에 놓는다는 칠석날의 오작교보다 더 튼튼한 다리다. '열망'은 이처럼 기적을 낳는다.

영리한 거미다. 그 다리 놓기 공사는 궁합이 맞았지 싶다. 서로의 이해가 맞아떨어졌을 것이다. 정상은 누구나 바라는 목표다. 한 조직의 장도, 한 나라의 수뇌도 정상이기에 누구나 바라는 자리다. 거미인들 그런 정상을 꿈꾸지 않았을까. 이 다리를 타고 정상에 오르내릴 꿈을 성취한 거미다. 낮이면 벚나무 꼭대기에 올라 햇볕을 쐬고, 밤이면 하늘 가득 펼쳐지는 달과 별의 세계를 쳐다볼 수 있게 됐다.

칡 또한 소원성취요, '정상 정복'이다. 태양을 광합성하여 그 에너지로 성장하기에 햇볕은 생명과 같은 가치다. 그 햇볕을 그늘 하나 없는 정상에서 마음껏 받아들일 수 있게 됐으니 그 이상의 성취가 또 있겠는가. 거미도 칡도 정상에 오른 공동의 성취다.

성취자가 정상에서 누리는 건 에너지의 어머니, 태양만이 아니다. 아득히 펼쳐진 넓은 들판을, 세상을 내려다보는 승리감을 느낀다. 높은 데서 굽어보는 성취의 쾌감을 맛본다. 꽃처럼 몽글몽글 피어오르는 저수지의 물안개도 가슴 가득 품는다. 거미도 칡도 이런 '정상 성취'의 기쁨을 맛보는 듯하다. 나는 아직 어느 한 정상에 올라 보지 못해 실감이 덜할지는 몰라도, '야호~' 하는 산 정복의 통쾌감을 익히

알고 있다.

근데 태평이다. 기는 칡도 정상에 오르는데 서서 걷는 나는 지금 어디쯤 올랐을까? 가늠이 안 된다. 요즘 내가 하는 일, 조경수 키우는 밭일과 글쓰기다. 나름대로 부지런히 쫓아다니지만 뚜렷한 목표의식이 없지 않은가. 이를테면 천 년을 산다는 주목을 잘 키워 나무 시장에서 최고가를 받는다든가, 문학 분야도 한 장르에서 명성 높은 작가의 문학상을 받는다든가, …. 삶의 면면에 깔딱고개가 있고, 정상도 있다. 다만 목표를 설정하고 꼭 올라야 한다는 열망이 있느냐이다. 칡과 같은.

칡의 '정상 오르기'는 한 편의 성공 드라마다. 칡의 주연(열망)으로 거미의 조연(협력)으로 이룬 드라마는 '정상 정복'이다. 목표 성취요, 경사다. 겹겹의 경사다.

어찌 보면 내 삶의 '정상 오르기'도 저러해야 하지 않을까. 목표를 정해, 한 길 건너 계단 오르고, 한 구비 돌아 언덕 오르고, 이 산 저 산 깔딱고개를 오르고 또 올라, '정상 정복'을, '겹겹의 경사'를 맞이할 일이다. 쉽지 않겠지만.

스트레스를 좀 받아야 건강하다

요즘 스트레스가 이슈다. 화두이며 문제로 거론된다.

현대병의 근원이기 때문이다. 그런 스트레스를 덜 받고자 복잡한 도시를 떠난다. 너나없이 조용하며 공기 좋고, 자동차와 사람이 적은 한적한 데를 찾는다. 퇴직 후 나도 덩달아 '스트레스 덜 받는 농촌으로 가야지'라며 흙내 나는 고요한 데에 소일거리를 만든다. 이른바 '힐링 농장'.

경기도 시흥에 밭 한 뙈기 일궈 조경수를 심는다. 생명력이 강하고 수익성도 좋다는 벚나무, 주목, 사철나무 1,300여 그루와 더불어 산다. 거의 날마다 그 나무를 돌본다. 곁에 다가가 풀 뽑고, 가지 치고, 물 준다. 밭 한쪽에 상추·부추·오이 등을 심어 나름대로 건강식을 한다. 노동의 가치를 몸소 느끼면서.

그러던 어느 날 친구가 찾아온다. 나를 흔든다. 강원도에 있다는 전원주택지를 소개한다. "깊숙한 푸른 산속, 물 맑고 공기 좋은 곳이니, 글 쓰며 지내기엔 이만한 데가 없다"고 한다. 이 농장보다 힐링하기에 안성맞춤이란다. 들뜬다. 건네준 두툼한 안내서를 몇 번이나 읽는다. 이리 재고 저리 재며 '한번 가 봐야지.' 마음먹는다.

찾아갈 날을 벼르고 있는데 인터넷에 뜬 글이 마음을 헷갈리게 한다. '선밸리Sun valley'얘기. 미국 애리조나주에 있는 살기 좋기로 이름난 곳이다. 부유층 은퇴자가 모여 사는, 모든 것이 풍족하게 갖춰져 호화롭게 사는 낙원이란다. 그러니 거기 사는 사람들이 더 행복하고 건강하게 살 것 같은데, 그렇지 않다는 연구 결과가 나와 화제가 되고 있다.

큰 도시에서 많은 이와 부딪치며 스트레스 받는 일반인보다 선밸리 사람들이 치매 발병률이 높다고 한다. 이 충격적인 사실에 '자연 그대로의 나를 찾는 곳'이란 '힐리언스 선마을*' 촌장, 이시형 박사(신경정신과 의사)가 그 이유를 알아보고자 선밸리에 달려간다.

> 가 보니 정말 지상 낙원이 따로 없었습니다. 55세 이하는 입주금지였습니다. 아이들이 시끄럽게 떠드는 소리가 들리지 않았습니다. 아무 데서나 볼썽사납게 애정 표현하는 젊은 커플도 없었습니다. 음식 냄새 풀풀 풍기는 노점상도 없었고, 길거리 벤치에 누워서 자는 노숙자도 눈에 띄지 않았습니다.
>
> 그곳에서는 자동차도 노인들을 놀라게 하지 않게 하고자 시속 25km 이하의 속도로 달려야 했습니다. 최신 의료시설에 최고 실력을 갖춘 의사들이 배치돼 있었습니다. 반면에 거기에선 우리 도시의 삶에서 흔하게 볼 수 있는 세 가지가 없었습니다.
>
> 첫째로 스트레스가 없었고,

둘째로 걱정이 없었으며,

셋째로 변화가 없었습니다.

그런데 놀랍게도 이 세 가지가 없는 게 바로 치매 발병률을 높이는 이유라고 밝혀졌습니다. 여러 가지 문제가 있고, 그 문제와 싸우느라 스트레스를 받으며, 그 스트레스를 극복하고자 노력하는 것이 병을 이겨낼 힘을 길러주는데, 그런 것이 없다 보니 면역력이 약해져서 더 쉽게 병에 걸리게 된 것이었습니다.

그러다 보니 최근에는 이 선밸리에 살던 사람들이 다시 자신이 원래 살던 도시로 돌아간다고 합니다. 스트레스 없는 세상에서 새장 속의 새처럼 나약하게 사는 것보다 여러 어려움을 겪으면서 고민하고 갈등하는 것이 더 건강해지는 방법임을 깨달았기 때문이었습니다.

물결 없는 편안한 세상보다 스트레스를 좀 받아야 건강하다는 이야기다. 그러면 나는 어느 정도의 스트레스를 받고 있을까?

'선밸리'같이 최신 의료시설까지 갖춘 부유한 낙원은 아니다. 하지만 공기 좋고, 차도 드물고, 시끄럽지 않다. 그렇다고 젊은 커플이 눈에 띄지 않은 게 아니다. 주말이면 번쩍번쩍 빛나는 최신식 자전거를 타고 줄지어 찾아오는 사이클러Cycler가 더러 있다. 우리 밭 주위가 시흥시에서 정한 자전거 타는 코스이기 때문이다. 힐링하러 농촌 찾는 부유한 젊은이의 나들이다.

그러나 도시처럼 볼썽사납게 애정 표현하는 젊은이는 볼 수 없다. 길거리에 노점상도 노숙자도 보이지 않지만, 나의 시름과 스트레스는 만만찮다.

농사일이 다 그러하듯 대기 변화에 신경이 쓰인다. 물 먹고 사는 조경수에 긴 가뭄이 들까. 먹구름만 떠올라도 태풍이 몰려와 나뭇가지를 다치게 하지 않을까, 또한, 며칠이면 쑥쑥 자라는 잡풀 뽑기, 나무에 거름주기, 물주기 등 땡볕에 일할 걱정, 이에 더하여 조경수를 어떤 모양으로 가꿔야 잘 팔릴까? 하는 뒷근심의 스트레스는 좀 받고 산다.

계산하여 정한 건 아니지만, 도농都農을 넘나든다. 서울에서 이곳 농장에 출퇴근하니 번잡한 데와 조용한 데를 반반씩 산다. 새벽잠을 깨면 농장이 떠오른다. 잡풀이 얼마나 더 자랐을까. 나무 성장에 지장이 없을까? '빨리 가 봐야지' 하는 조바심이 인다.

그래서 농장에 들러 일하다가 저물녘이면 집에 돌아온다. 적당한 스트레스를 받는 듯하다. 흉흉한 도시에서 스트레스를 받다가 새들이 지저귀는, 개울물 소리 들리는 농장에서 한나절을 힐링하기 때문이다. 이 정도면 병을 이겨내고, 발병률을 낮춰줄 만한 스트레스를 받고 사는 게 아닐까? 아마도 그럴 것이다.

그러니 복지다. 힐링할 데를 제대로 찾은 것 같다. 어쩌면 내 농장이 '선밸리'나 강원도 '전원주택지'보다 낫지 않은가. 적당한 스트레스를 받으니. 걱정도 좀 하고 날마다 자라는 작물의 성장을 볼 수 있으니. 봄이면 꽃 피고, 여름이면 짙푸른 나뭇잎이 경쟁하듯 춤춘다. 가을이면 단풍든 잎사귀가 비 오듯 쏟아지니 가을이 가고 겨울이 오고 있음을 본다. 도시와 농장을 번갈아 드나드니 세상 물정을 체험한다. '선밸리'에 없다는 변화를 몸소 느끼며 산다.

괜히 흔들린 내 마음, 친구가 권하던 더 한적하고 조용한 전원 살이 꿈을 접어야겠다. 여기가 '힐링 농장', 스트레스를 좀 받는 건강한 복지다. 어쩌다가 나도 잘한 일이 다 있네! 스트레스가 문제는 문제인가 보다.

*힐리언스 선마을: 힐링과학을 의미하는 Healing Science의 합성어로 웰에이징(Well aging)을 위한 식습관, 운동습관, 마음습관 등을 체득하도록 도와주는, 강원도 홍천에 있는 힐링 센터

숫눈길

새벽잠을 깨니 첫눈이 너울너울 날린다. 춤추듯 내린다. 보석 같은 눈이.

반갑다. 희뿌연 대기를 뚫고 임 오시듯 조용히 내리는 눈. 창밖에 줄을 선 벚나무 가로수에도 눈꽃이 피었다. 목화木花송이처럼 주렁주렁 달였다.

보고 싶다. 등산복으로 갈아입고 밖에 나가 눈꽃을 감상한다. 눈을 뽀득뽀득 밟고 싶어 63빌딩을 지나 한강공원에 들어선다. 질펀한 잔디밭에 소복이 쌓인 눈. 하얀 솜사탕을 펼쳐놓은 듯, 갓 튼 이불솜을 펼쳐놓은 듯하다. 경사진 경계석 주위엔 젖무덤처럼 부드럽게 볼록하다.

걷고 싶다. 그런데 '숫눈길', 아무도 걷지 않은 길. 이물질이 섞이거나 때 묻지 않는, 티 하나 없는 순수한 눈이다. 내가 걸으면 그게 첫길이요, 나의 길이 될 것이다.

한참 서서 바라본다. 하얀, 너무나 맑은 순결의 살결 같아서, 망설이

다가 첫발을 뗀다. 발자국이 난다. 등산화 자국이 도장처럼 찍힌다. 잠 깬 비둘기 한 쌍이 내 머리 위로 날아간다. 선착장을 향해 걷다가 뒤돌아본다. 내 발자국이 말발굽처럼 보인다. 선명한 저 흔적.

문득 '살아온 내 흔적은, 걸어온 발자국은?' 하고 내게 묻는다. 저 멀리 어른거리는 북한산 자락의 눈안개처럼 어슴푸레하다. 잘 보이지 않는다. 왜일까? 남이 걸어온 길을 뒤 따라왔기 때문이다. 하지만 나름대로 나의 발자국으로, 나의 무늬로 흔적을 남기려고 애써왔지만, 앞선 이가 걸었던 길에 덧씌운 자국, 그 흔적이니 '자신의 길'이겠는가. 첫길을 튼 사람의 길이지.

그래, 그렇다. 한참 늦었지만, 지금부터라도 새로운 길, 나의 첫길을 터야겠다. 쉽지는 않겠지만, 내 발자국이 또렷한 그 길. 남이 아직 걷지 않는 '숫눈길'을 걸어야겠다. 이를테면 글 한 편이라도 남이 쓰지 않는 신선한 '글제'에 내 생각의 무늬가 뚜렷한 나만의 글을 써야겠다. 하얀 눈처럼 때 묻지 않은 낱말과 문장으로 행간을 메워야겠다. '숫눈길'의 내 발자국 같은.

저만치 한강 철교 너머로 불덩이 같은 해가 솟아오른다. 햇빛을 머금은 눈이 임을 만난 듯 생기가 돈다. 반짝반짝 빛난다. 보석 같은 눈이.

향나무

고향 우물가에 자라던 향나무가 그립다.

향내를 풍겨서 다가가면 코를 실룩대게 하던 늘푸른나무. 어린 가지에는 콕콕 찌르는 바늘 잎이, 묵은 가지에는 부드러운 바늘 잎이 달린다. 어느 마을에나 있는 우물 옆 향나무는 우물을 지키는 신목神木으로 여겨진다.

맑은 향기를 품고 있는 데다 그 나뭇결이 고와서 사랑을 듬뿍 받는가 하면, 그 향기 때문에 쓰라린 아픔을 겪기도 한다. 제사 때나 부처에 분향할 때면 그것의 몸을, 심재心材를 깎아 간다. 더러는 줄기가 굵어지기 전에 통째로 잘라가기도 한다. 장례 때도 시신의 냄새를 막고자 향을 피운다. 그 향의 연기 따라 영혼이 하늘에 오르내린다고 예부터 믿고 있다. 그처럼 가진 게 많은 나무는 바람 잘 날이 없다.

영혼만이 아니다. 학자들이 모여 학문을 논할 때도 향을 피워 마음을 밝히고, 밤이면 등잔불 아래서 책 읽으며 졸음을 쫓고자 향을 피우는 등, 향나무 향기에 절어 살았다고 할 만큼 그 향기를 즐겼다. 민간에선 약재로도 귀히 썼다. 피부 가려움증, 비듬, 습진, 무좀 등에 향나무 달인 물로 목욕하면 효험을 볼 수 있고, 급체나 고혈압에도 그 달인 물을 마시곤 하였다.

뿌리 내릴 흙을 가리지 않는다. 아무 땅에나 잘 자란다. 꺾꽂이로 쉽게 키울 수 있다. 3, 4월에 가지를 잘라 흙에 꽂고 물을 주면 뿌리를 내린다. 큰 나무를 옮겨 심어도 잘 산다. 그처럼 생명력이 강하다. 순천 송광사松廣寺 뒷산에 있는 쌍향수雙香樹가 그 예이다. 보조국사普照國師와 그의 제자가 중국에서 돌아올 때 짚고 온 지팡이를 꽂아 둔 것이 수령 7백 년의 거목으로 자라고 있다.

우물가에 향나무를 심으면 뿌리가 땅속의 물을 정화하고, 빽빽이 돋아난 잎이 우물에 먼지나 티끌 같은 오물이 들어가지 않도록 막아주는 역할을 한다. 그뿐만이 아니다. 향나무는 향기 성분이 많아선지 생나무도 불에 잘 타며, 파르스름한 연기가 하늘 높이 퍼진다. 재목 또한 다루기 쉽고 광택이 난다. 붉은빛으로 고상한 품위가 있다.

쓸모가 많아 명대로 살지 못하는 운명이다. 여러 가지 조각품이나 공예품, 가구 등에 귀하게 쓰이기 때문이다. 값비싼 옷이나 서화書畵 등을 보관하는 장롱이나 궤짝을 만드는 재료였으니. 중국에서 원백圓栢(둥근 측백나무) 또는 보송寶松(보배 같은 소나무)으로 불리는 이유다. 그 향기가 오래도록 귀중품을 썩지 않게 할 뿐만 아니라 벌레들이 얼씬거리지 못하게 막아준다. 목침이나 지팡이같이 신변에 두고 향기를 즐기던 그 향나무가 자취를 감춰간다.

고향에 들르니 동네 한가운데 있던 그 우물과 향나무가 보이지 않는다. 어머니가 아침저녁으로 물동이를 이고 물을 길던 그 우물. 언제나 생기가 돌던 그 우물가다. 동네 사람들과 주고받던 마을의 경조사 이야기, 커가는 아이들의 재롱 이야기, 어른을 모시는 집 안에서 꾹꾹 참던 희로애락의 속내들이 내 귀에 들려오는 듯하다. 우물물처럼 해맑은 어머니의 얼굴이 향나무 가지 사이로 언뜻언뜻 보이던 그 향나무, 가진 게 많아서 제 살을 뜯기며 살던 그 향나무는 어디로 갔을까?

수돗물에 밀려난 우물이다. 우물과 더불어 살던 향나무도 제 터전을 잃은 거다. 절간이나 묘지, 향교 등지에 가면 더러 볼 수 있긴 하지만, 우물과 함께하는 향나무는 거의 볼 수 없는 이즈음이다. 향나무도 잃어가는 생명 중의 하나이다. 아쉬운 나무다. 어머니를 그리워할 때마다 파르스름한 향기로 피어오르는 향나무다.

신목도 가고, 우물도 가고, 어머니도 떠나가신 고향은 허전한 사막 같다. 그리움만 남았다.

세한에 세한도를 공부하는 뜻은

정의情誼가 명작을 만든다. 제자의 따뜻한 '정의'에 감격하여 스승이 그린 그림이 세한도歲寒圖다. 이 작품만큼 널리 알려진 그림도 드물다. 그도 그럴 것이 이 그림을 그리게 된 배경이나 의도가 메말라가는 우리네 인간의 정감情感을 불러일으키기 때문이다. 그래선지 영하 10도의 세한歲寒에 <세한도> 특강을 들으러 성균관대 첨단강의실로 들어선다.

2017 유교문화연구소 동계학술대회(1.14.), "융합의 시대, '유교' 예술로 말하다"에 참석하여 조선대 미술대학 조송식 교수의 '김정희 <세한도>와 동아시아 <쌍송도雙松圖>와의 관계, 그리고 그 철학적 의미'의 특강을 들으니 이 그림의 의미가 새롭게 느껴진다.

조 교수는 <세한도>를 이렇게 풀이하고 있다. 변함없이 사계절 시들지 않는 이상적의 절조節操, 오랫동안 제주도 유배 생활을 견뎌내면서 어려운 환경과 외압에 굴복하지 않은 김정희의 강직한 기개, 김정희와 이상적 간의 우의友誼와 그로 인한 앞날에 대한 기대와 희망일 것이다. <세한도>에 의탁된 덕, 즉 비덕比德이 각각 표현하는 회화 형식이 <세한삼우도歲寒三友圖*> <언송도偃松圖*>, <쌍송도*>라고 할 수 있다.

그렇다. 추사 김정희秋史 金正喜(1786~1856)가 이 그림을 그릴 수 있었던 것은 우선 이상적藕船 李尙迪(1803~1865)의 스승에 대한 존경과 끈끈한 '정의'가 있었기에 가능했다. 역관譯官, 이상적은 스승이 귀양살이하는 동안, 여러 해에 걸쳐 천만리 먼 곳 중국 연경燕京(베이징의 옛 이름)에서 진귀한 책을 어렵게 구해 수시로 보내준 게 120여 권에 달했다. 이런 한결같은 '의리'와 '정의'에 감격하여 추사가 그린 작품이 <세한도>다. 화면 오른쪽 위에 작품명 '세한도'가 있고, 그 옆에 가로로 '우선은 감상하라藕船是賞'라고 썼다.

'추운 계절의 그림'이란 <세한도>는 국보 180호로 지정됐다. 이 작품에 대해 박철상 문헌 연구가는 "한 시대의 학문과 예술의 총화"라고 극찬했다. 추사가 그만큼 수준 높은 작품을 그릴 수 있었던 배경은 이러하다.

35세 때 과거에 합격했다. 성균관 대사성大司成, 병조참판, 동지부사冬至副使 등의 요직을 거쳤다. 순탄하던 그가 안동 김씨 세력가들의 정치적 공세에 휘말렸다. 모진 형벌과 고문으로 죽음 직전에 제주도로 귀향 오게 됐다. 가족도 친구도 없는 적막한 섬이었다. 절망지였다.

좁은 감옥에 가두어지지는 않았지만, 무기 징역형이었기에 다시 돌아간다는 희망이 보이지 않았다. 가족을 그리워하며 섬처럼 외톨이가 된 고독에 젖었다. 울컥울컥 솟는 그의 처지에 대한 갈등을 겪었다.

울타리에 가시나무를 둘러친 귀양지였다. 문밖 출입을 금지하는 위리안치圍籬安置의 형이었지만, 그래도 목숨을 구한 것에 감사할 따름이었다. 추사가 제주 대정大靜의 유배지에서 할 수 있는 일이란, 고작 온종일 서책을 읽다가 돌담 밑에 핀 수선화를 감상하거나, 고향에서 오는 가족의 편지를 애타게 기다리는 것이 전부였다. 이럴 때 이상적이 보내주는 청나라의 최신 서적은 가뭄에 만나는 단비와 다름없었다. 그 고마움에, 그 '정의'에 감격하여 붓을 든 작품이었다. 그의 나이 59세, 제주에 온 지 5년째 되던 해였다.

황량한 황무지에 쓰러져 가는 초가집 앞에 늙은 소나무가 기울어져 젊은 소나무에 기대고 있다. 초가집 뒤 언덕에 두 그루의 잣나무를 그리고, 이어서 이상적에게 보낼 편지글이 가지런히 쓰여 있다. 또한, 작품이 시작되는 오른쪽 아래에는 "오래도록 서로 잊지 말자長毋相忘" 라는 한장閑章(인장)을 찍었으며, 그림은 <쌍송도>란 회화적 기법으로 그린 작품이다. 이 작품 왼쪽 발문跋文에 그림을 그리게 된 연유를 밝히고 있다.

“공자께서 ‘날이 차가워진 뒤에야 소나무 잣나무가 시들지 않음을 알 수 있다歲寒然後 知松柏之後彫也.’라고 했는데 (…) 그대와 나의 관계는 전前이라고 더한 것도 아니고 후後라고 덜한 것도 아니다. (…) 아~ 쓸쓸한 이 마음이여! 완당阮堂 노인이 쓰다.”

날이 차가워진 뒤에야 소나무가 시들지 않은 것을 알듯이 시련이 닥쳐야 주위 사람의 진정한 ‘정의’를 느낄 수 있다는 의미일 것이다. 꿋꿋이 역경을 견뎌낸 선비의 올곧은 강한 의지와 고난과 고독이 함께 만들어 낸 작품이 <세한도>다. ‘진정한 예술은 혹독한 고통 속에서 탄생한다’라고 하더니 그 말이 맞다. 나를 돌아보게 하는 대목이다. 나는 스승에게, 후배에게 진정한 ‘정의’가 있었는가. 추사만큼, 아니 그의 반반만큼의 고난과 고독에 젖어봤는가?

<세한도>는 고독의 아픔이 가진 또 다른 반전反轉일 것이다. 극한의 어려움과 외로움이 없었다면, 이상적에 대한 절절한 ‘정의’가 없었다면 그만한 걸작을 그리지 못했을지도 모른다. 엄청난 좌절과 고독을 통해 얻을 수 있었던 결실, 아니 한 인간이 처한 ‘극단적인 역경에서의 승리’가 아니겠는가.

쓸쓸한 화면엔 여백이 많아 찬바람이 휩쓸고 지나간 듯하다. 지난날 추사 문전에 드나들던 많은 사람의 모습은커녕 인적마저 찾을 수 없는 텅 빈 곳, 보이는 것은 동그란 창이 나 있는 소담한 서재와 시들지 않는 노송, 그리고 잣나무를 까슬까슬한 마른 붓으로 쓸 듯이 그려낸, 문인화文人畵이다. 시詩·서書·화畵가 서로 어우러진 문인화의 정형이다.

화면 여백의 휑한 느낌은 바로 절해고도인 이 섬에서 늙은 돈으로 홀로 맞닥뜨려야만 했던 쓸쓸한 감정 그것이었을 것이다. 외롭고 추울수록 따스함을 그리워하는 게 인지상정이다. 각박한 세상에, 죄인을 돕는 자신의 생명 위험까지 무릅쓰고 따스한 '정의'를 준 고마운 마음을 이 소산燒散한 그림에, 강철 같은 추사체秋史體*로 쓴 발문에 그의 내심을 고스란히 담았다. 그 스승에 그 제자다.

한 사람의 스승, 제자, 이웃 간의 '정의'가 우리네 생애에, 작품을 만드는 데 얼마나 중요한지를 알려주는 교훈 같은 그림이다. 삭막한 세상을 훈훈하게 데워주는 게 '정'이듯이 예술의 세계에서도 끈끈하고 따뜻한 '정의'가 작품을 잉태하는 태반을 데워준다. 가슴에 스며드는 '정의'의 온기는 사유思惟를 깊게 하고 생각의 진폭을 넓혀준다. 그 사실이 '인생 겨울'을 사는 나를 일깨워준다. 그리고자 하는 작품, 쓰고자 하는 글도 이와 크게 다르지 않을 것이다.

세한에, '인생 겨울'에 <세한도>를 공부하는 이유다. 작품을 그린 의도와 배경을 알아갈수록 더 가까이 다가오는 이 그림, <세한도>에서 '정의'의 진가를 배운다.

*세한삼우도: 절지(折枝)의 소나무와 매화, 대나무를 한데 어울리도록 그린 그림
*언성도: 송(宋)나라 소동파가 그린 누운 소나무
*쌍송도: 수석화의 일종으로, 당대(唐代)에 두 그루의 소나무가 붙은 풍경을 그린 그림
*추사체: 벼루 열 개가 구멍이 나고 붓 천 개가 몽당붓이 되도록 연마한 김정희의 글씨체. 뛰어난 독창성과 창의성은 자신을 평생 단련한 결과였다.

봄, 소망의 봄

“4월은 가장 잔인한 달이다. / 죽은 땅에서 라일락을 피우며 / 추억과 욕망을 뒤섞고 / 봄비로 잠든 뿌리를 일깨운다. …”라고 영국 시인 토머스 스턴스 엘리엇Thomas Stearns Eliot은 그의 시 <황무지The Waste Land>에서 노래했다.

그렇다. 4월은 뭇 생명을 잠 깨우는 봄이다. 여의도공원에도 일가를 이룬 식물들이 부스스 뿌리를 내린다. 142종 21만2천여 그루가 가지마다 볼록볼록 움이 튼다. 벚나무·느티나무·감나무 등의 가지에도. 개나리 진달래는 어느새 꽃을 피워 봄맞이가 한창이다. 느티나무 은행나무에도 줄기에 물오르는 소리가 들려오는 듯하다. 껍질에 물집이 보인다.

여의도공원만이 아니다. 남산에도 관악산에도, 내 고향 영천永川의 청정淸亭들에도 풀들이 싹을 틔우고 꽃피울 준비에 분산할 것이다. 봄은 이처럼 생명을 일깨우고 열매 맺을 희망을 부풀린다. 이루고자 하는 열망을 품게 하는 봄이다.

공원 한쪽에는 좁고 찬 돌 틈에서 민들레 한 그루가 꽃대를 솟구어 로제트Rosette형 샛노란 꽃을 피웠다. 어느 누가 눈길 주지 않아도 긴 겨울 설한풍을 이겨내고 저 낮은 자세로 외롭게 꽃 피운 인내와 강한 집념이 놀랍다. 질세라 쑥도 그 옆에서 일가를 이뤘다. 뽀얀 잎들이 햇빛을 빨아들이듯 밝은 얼굴로 환하다.

또한, '한국전통의 숲' 연못에는 축 늘어진 버들가지마다 파릇파릇한 잎을 터뜨리고 있다. 서로 경쟁하듯 마디마디마다 어린잎을 연다. 연못가 양지바른 곳엔 한 쌍의 고양이가 정겹다. 긴 겨울을 보내고 내리는 봄볕이 따스한지 서로 상대의 털을 핥아주는 봄맞이 정경情景이다. 참새들도 이 가지 저 가지로 포르르 날아다니며 새봄의 꿈을 엮어가고 있다.

풀과 나무, 동물들이 불어오는 남녘 바람을 쐰다. 푸른 하늘에서 내리는 따스한 햇볕을 놓치지 않으려는 듯 고개를 쳐드는 모양새다. 봄기운을 듬뿍 받아 꽃 피우려는 부산한 움직임, 그 몸짓이다.

그런 몸짓이 어디 공원과 산천의 동식물뿐이랴. 거리마다 마이크 소리가 울려온다. 좀 더 나은 삶으로 이끌려는, 거세게 불어오는 주변의 물결을 슬기롭게 극복하려는, 우리의 소원인 통일을 앞당기려는 정계政界의 목소리다. 차기를 꽃피우겠다는 다짐으로 들려온다. 봄 따라 오는 희망이요 기대다. 우리 다 함께 누구에게나 향긋한 고운 꽃을 피웠으면 싶다.

4월은 잔인한 달 같지만, 꿈과 내일을 열어가는 소망의 봄이다. 보기만 하고 그냥 가만히 보내기엔 너무 아까운 봄이다.

난蘭을 키우며

우리는 식물과 더불어 산다. 그들의 삶을 보면서 더러 귀한 지혜를 얻기도 한다.

퇴직 후 집에 나앉는다. 울적하다. 아침 먹고 나서 갈 데가 없다. 마땅한 일이 없어 마음이 갈대다. 난이라도 키우며 마음을 다잡아보려고 양재 꽃시장에 들른다. 온 꽃의 향기가 가득하다. 그 향에 취해 한 바퀴 쭉 돈다. 마지막 꽃집에서 묻는다.

"어떤 난이 좋습니까?"

"오래 두고 보시려면 동양란입니다. 향기가 은은하고 품위가 있습니다. 줄기가 웃자라 검푸른 것보다 키가 작아도 초록빛과 노란빛을 함께 띤 통통한 게 좋아요"라며 앳된 아가씨가 손짓한다.

그 난을 산다. 쇼핑백에 넣어준 칠만 원짜리 그 애물愛物을 몇 번인가 들여다보며 집에 닿는다. 탁자 위에 놓으니 거실이 환하다. 하루 한 차례 창문 통해 간접 광선이 드는 곳이다.

때때로 거기에 시선이 간다. 볼 때마다 기다란 잎이 허리를 살짝

굽힌 채 반겨준다. 바라보고 있으면 푸른 잎이 생기를 준다. 답례하듯 물수건으로 먼지를 닦는다. 겸사겸사 내 마음도 닦는다. 반질반질한 잎줄기가 가지런하다. 흔들리던 내 마음도 덩달아 정리되는 느낌이다. 조급하던 성격도 차분해지는 듯하다.

자주 보니 정이 간다. 물은 열흘에 한 번씩 흠뻑 주라고 하였지만, 볼 때마다 목말라하는 눈치다. 물은 난의 식량이요, 양분이다. 한꺼번에 듬뿍 주는 물의 양을 여러 번 나눠 조금씩 줘도 되지 싶다. 나도 하루 세 번 밥을 먹고, 서너 번씩 물을 마시는데, 주는 물만 받아먹고 사는 생명이 아니냐며, 수시로 반 컵 정도 물을 준다. 아기 젖 주듯이.

그러다 두어 달 지나니 봄이 온다. 전에 잡힌 일정 따라 4박 5일 베이징 유람을 떠난다. 며칠간 홀로 둔다는 안쓰러운 마음에 난에 물을 흠뻑 준다. 여행을 마치고 집에 돌아오니 잎들이 사색死色이다. 하루가 다르게 거무스레하다. 날로 메말라 간다. 이게 웬일일까! 인터넷에 들어가 '난 키우기'를 검색해본다. '난은 물을 많이 주면 뿌리가 썩어 저절로 마른다'란 전문가의 말이다.

'과애過愛' 한 걸까. 목말라하기 전에 물을 주었으니. 난은 물이 부족한 듯해야 꽃 피운단다. 궁해야 길을 찾는다. 어찌 난만일까. 인간도 그렇다. 생활 형편이 나아진 데다 적게 낳아 잘 키우려는 부모 마음에 자식이 목마를 사이가 없다. 모자람을 느낄 겨를이 없다. 오냐오냐하며 키운다.

난 기르기 실패가 소중한 지혜를 준다. 내게 물음을 준다. '당신은 귀한 자손을 키우면서 물 많이 주는 건 아닌지', 난처럼.

만남, 길 열어가는

인생 여정에 만남만큼 중요한 게 또 있을까?

부모나 자식처럼 필연으로 만나기도 하지만, 삶의 여로에서 누군가를 우연히 만나 갈 길을 열어가기도 한다.

이승만 초대 대통령 이야기.

한학 공부하던 그는 스무 살 되던 1895년 5월, 헨리 아펜젤러Henry G, Appenzeller(미국 감리교 목사)가 설립한 배재학당 영어과에 입학한다. 그 이듬해 서재필徐載弼(1864～1951) 스승을 만난다. 스승은 1884년(고종 21년) 김옥균, 박영호 등과 같이 혁신 정부를 세우고자 갑신정변을 일으킨다. 하지만 그 쿠데타의 실패로 미국에 망명한다. 거기에서 한국인 최초의 의학박사가 된다. 개화파 지식인인 스승으로부터 서구 자유민주주의 강의를 듣는다. 감명을 받는다.

이승만 전 대통령은 당시를 이렇게 회고했다.

"배재학당에 영어를 배우고자 입학했는데, 영어보다 훨씬 중요한 것을 배웠다. 그것은 정치적 자유라는 사상이었는데, 너무나 혁명적인 것이었다. 우리나라도 그 같은 정치적 원칙을 따를 수 있다면 얼마나 좋을까라고 생각했다." (이정식, <독립투사 서재필>, 211~220쪽)

그 생각이 길을 열었다. 이승만은 미국으로 건너갔다. 선진문물을 공부하였다. 프린스턴대학에서 철학박사 학위를 받았다. 1919년 3월 하와이에서 대한민국 독립선언식을 했다. 이어서 워싱턴, 중국 상하이上海를 전전하며 우리나라 독립을 위해 많은 활동을 했다. 그 결과로 대한민국의 초대 대통령에 취임할 수 있었다. 배재학당에서 서재필 스승을 만나 길 열어간 덕분이었다.

2016년 3월, 영화 <동주>를 본다.

윤동주와 송몽규는 석 달 간격으로 한집에서 태어났다. 고종사촌 사이로 만주 북간도에서 유년기를 같이 보냈다. 나란히 연희 전문학교 문과에 들어갔다. 송몽규가 먼저 길을 열었다. 1935년 동아일보 콩트 부문 신춘문예에 '숟가락'으로 당선했다. 송몽규의 당선은 윤동주에게 큰 자극을 줬다.

그 영향일까? 윤동주는 1941년 북아현동 그의 하숙집에서, 대표작 '서시', '별 헤는 밤' 등의 명시를 지었으니. <동주>와 몽규는 절친한 친구이자 맞수(라이벌)로서, 서로에게 가야 할 '문학의 길'을 열어간 안내자다. '만남'의 상승효과다.

나 또한 우연히 동창을 만나 글을 쓰게 됐다.

2002년 송년 모임에서다. 대학 동창 S의 등단지(창작수필) 한 권을 받는다. 그 책을 보고 '이 길이다'라며 동아문화센터에 등록한다. 그로부터 수필을 배워가며 쓰게 되었으니, 동창을 만난 게 문학의 길을 연 거다.

예와 같이 만남은 길을 연다. 이승만 전 대통령은 서재필 스승을 만나 미국 길을. 윤동주는 송몽규를 만나 시詩의 길을, 나는 송년회 모임에서 동창을 만나 수필의 길을.

만남, '길 열어가는 만남'이다. 아침마다 길 나서며 은근히 기대한다. '오늘은 어떤 이를 만날 수 있을까.'

고독, 감수해야 할

퇴직 후 출근하는 농장이다.

삼십여 년 쫓기던 직장 생활에서 벗어났다. 이제 내 시간을 고무줄처럼 늘려가며 쓰고자 시작한 밭일. 농약 치지 않고 내 손으로 가꿀 수 있는 게 무엇일까? 나무라고 생각해 조경수 천여 그루를 심었다. 어느덧 십 년이나 가꿨으니 내 키만큼 자랐다.

올핸 가뭄이 길다. 목말라하는 주목·전나무·사철나무에 물을 준다. 나뭇잎이 생기를 띤다. 내게 고맙다는 인사를 하는 듯하다. 그 일을 마치고 농막에 든다.

하오의 정적이 감돈다. 대낮인데도 조용하다. 커피를 탄다. 브라질의 카페진요Cafezinho를 마시듯 조금씩 음미하며 그 향을 즐긴다. 시계를 본다. 퇴근 시간은 아직도 멀다. 시계가 더디 감을 느낀다. 외로움을 일깨워주듯 뻐꾸기가 운다. 뻐꾹 뻐꾹…, 울어댄다.

앞산 숲속에서 들려오는 소리다. 뻐꾸기도 나처럼 혼자일까. 그 울음 들려오는 산자락을 내다본다. 이 시간 내 할 일이 뭘까? 당장 해야 할 일이 마땅찮다. 직장 생활할 땐 '조각 시간'이 아쉽곤 했는데 남아도는 시간이 고독감을 더해간다. 핸드폰을 든다.

메시지·이메일·카카오톡·밴드 앱App을 다 눌러봐도 말끔하다. 내게 온 메시지나 한두 자 소식도 없다. 누구에겐가 전화라도 하고 싶다. 마땅히 떠오르는 사람이 없다. 이 시간대에 용건도 없이 전화벨을 울려 주긴 그렇다. 손전화를 탁자에 놓고 쥐기를 반복한다. 고독이 아픔이라더니 마음이 맹맹하다.

문득 아침 전철 안 풍경이 구름처럼 떠오른다. 양옆에 앉은 중년 신사, 앞에 선 젊은이가 다 바쁘다. 손전화에 뜬 작은 글을 보는지 읽는지 눈이 화면을 오르내린다. 더러는 손가락으로 자판을 눌러댄다. 무슨 사연이 저토록 많을까. 멈춤 없이 그런 동작에 몰입하는 승객들. 나의 손전화는 주머니에서 낮잠을 잔다. 시기심이 이는 찻간의 고독이다.

따르릉~ 벨이 울린다. 문 쪽에 선 사람이 전화를 받는다. 어제 본 영화 줄거리, 어느 식당에서 먹은 음식 얘기가 이어진다. 역마다 승객이 오르내리지만, 핸드폰 화면의 손 움직임과 간단없이 들려오는 통화음 소리는 여전하다. 그런 촉망한 찻간에 외인처럼 쓸쓸하고 고독하다.

누구를 탓하랴. 나이 때문인 것을. 수명이 길어간다고 하지만, 친구들이 떠나간다. 지난주에도 어제도 상가에 들른 요즘엔 눈물이 마를 겨를이 없다. 어느덧 초중등 동창은 거의 반 이상이 저세상에 계신다. 연배의 직장 동료들의 이름도 해마다 주소록에서 지워진다.

명단에 남은 친구들도 더러는 병상에 누웠거나 귀에 보청기를 달고 산다. 절친한 K 친구는 며느리가 청소하기에 방을 비워주고자, 아침에 집을 나와 저물녘까지 공원에서 산단다. '흔들 그네'에 몸을 싣고 하염없이 전 후진을 한다나. 친구들이 그러니 나의 손전화는 낮잠을 잘 수밖에.

친구뿐이랴. 아이들도 집 떠난 지 오래다. 직장 따라, 새살림 따라 내 곁을 떠났으니. 식탁에 앉는 이는 바다의 섬처럼 우리 내외뿐이다. 나이 들면 아내 눈치도 봐야 한다. 이즘 삼시 세끼 얻어먹는 이는 '간 큰 사람'이라고 한다. 그래선지 바깥을 전전하다가 시작한 조경수 키우기다. 밭에서 일할 땐 마주한 나무에 말을 건네지만, 그 일이 끝나면 그저 외롭다. 고독감을 느끼는 농막이다.

하긴 젊은 시절에도 고독은 있었다. 1971년, 혈기 왕성하던 삼십 대 초반이었다. 코트라 나고야무역관 신설 명命을 받았다. 현지에 먼저 가서 사무실을 임대하고 살 집을 구해야 하겠기에 혼자 출국했다. 찾기 쉬운 나고야 성城 곁에 있는 캐슬Castle호텔에 짐을 풀었다. 석 달간 홀로 지냈다.

낮엔 무역관 개관 준비로 바쁜 나날이었지만, 이국의 밤은 쓸쓸했다. 이슥한 밤, 늙은 고성古城을 이웃한 채 잠 못 이루는 밤이 이어졌다. 창을 통해 달빛이 드리우면 무엇인가를 잃어버린 것처럼 허전했다.

생각은 서울로 간다. 여의도 하늘 아래 잠든 아내 얼굴이 떠오르고, 세 아이 숨소리가 들려오듯 한다. 잠이 오지 않는 밤. 몸을 뒤척이며 시계를 봐도 먼동은 아직도 멀다. 더디 가는 시간 내내 허전하여 잠 못 이루던 그때가, 내 젊은 날의 '밤 고독'으로 남았다.

고독, '밤 고독'이야 이제 추억으로만 남았지만, '낮 고독'은 근래에 자주 느낀다. 앞으로 날이 가면 갈수록 더했으면 더했지 줄지 않을 외로움, 감수해야 할 고독이다.

어찌하겠는가, 수순인 것을! 밤낮없는 '고독의 나라'로 가는 인생 여정인 것을. 뻐꾸기도 외로운지 여태껏 울고 있다.

징 소리

징~지잉~ 울린다.

시흥 농장에 들어서는데 간헐적으로 들려오는 징 소리. 부드럽고 장중하다. 한 해 동안 땀 흘려 일군 결실을 거둬들이고 풍년을 맞는 흥겨운 농악 소리. 북·꽹과리·장구소리도 들려오지만 내 귀에 익숙한 징 소리가 나를 고향으로 데려간다. 유년 시절 이맘때면 으레 듣던, 오릿골* 마을에 울려 퍼지던 그 징 소리다.

우리 집 대문 옆 감나무 가지에 홍시가 야들야들 익어갈 무렵이었다. 들판에서 거둬들인 나락을 탈곡기로 털었다. 마당에 무더기 무더기로 쌓인 나락을 두지*에 넣어 저장했다. 마치 몽골의 이동식 집, '게르Ger' 같은 두지가 마당에 2~3개 세워질 때면 풍악이 울렸다. 마을 집집이 돌면서 올해의 수확에 감사하고, 새해의 풍년을 기원하는 마을 축제였다.

농악 중 징 소리가 귀에 익었다. 아버지가 마을 농악대에서 징을 쳤기 때문이었다. 60여 호 집마다 돌던 농악 떼가 우리 집에 들러 두지를 빙빙 돌 땐, 아버지는 징채를 더 높이 들이쳤다. '찡~찌잉~' 하고 울려 퍼지던 그 소리에, 좀처럼 볼 수 없었던 미소가 어머니 얼굴에 꽃처럼 피었다. 부엌에서 농주 단지를 내어오시게 하던 그 징 소리!

마을 앞 무학산舞鶴山(445m)을 찡찡 울리던 그 징 소리가 오늘까지 내 기억에 잠재된 건, 그의 정체성과 무관하지 않다. 태어날 때도 태어나서도 늘 두드려 맞고 사는 운명. 질 좋은 놋쇠를 녹여 부은 다음 쇠망치로 두드려 만든다. 세숫대야 같은 모양으로 태어나는 '방짜 징'이다.

농악 사물(장구·꽹과리·북·징)놀이가 다 그렇다. 채로 두들겨야 제소리를 낸다. 우리는 그 소리에 흥겨워하며 저절로 어깨를 들썩인다. 장단이 흥을 돋운다. 하지만, 누군가 쳐주지 않으면 죽은 몸으로 어두운 창고에 갇히어 입 다물고 사는 타악기다.

일 년에 한두 번 햇빛 보는 징, 아버지가 추수 끝내고 두지를 바라보며 뿌듯한 마음으로 두드리시던 그 징 소리가 오늘따라 내 가슴에 울려온다. '당신은 올해 얼마만큼의 추수를 했는지, 몇 개 두지를 채웠는지?' 묻는 듯하다. 추수가 어디 곡식뿐일까. 인생의 봄에서 가을까지 씨 뿌려 거둔 모든 수확을 일컫는 말일 거다. 살아오며 지은 공부 농사, 자식 농사, 직장 농사, 글 농사 …. 그런 결실의 수확물을 저장한 두지가 어디에 있는가.

선뜻 답이 떠오르지 않는다. 남 앞에 내세울 만한, 두지에 채울만한 추수가 없어서다. 그래선지 가슴에 손이 간다. 큰 숨을 들이쉬며 몇 년 안에, 아니 그보다 더 먼 훗날일지라도 아버지처럼 징채를 높이 들어 두드리고 싶은 징. '언젠가 그 징 소리를 다시 들어봐야지. 징~ 지잉~' 울리는, 내가 치는 그 징 소리를.

* 오릿골: 경북 영천과 경주시 경계, 시티재 아래에 있는 농촌 마을
* 두지: '뒤주'의 경상도 사투리. 가을에 타작한 나락이나 기타 곡식을 저장하는 곳

5부
개나리꽃 앞에서

개나리게 배울 일이다.
향기가 없으니,
서둘러 피는 부지런함이라도.

겨울 소리

사그락사그락~ 마른 잎 뒹구는 소리. 그 '겨울 소리'에 잠이 오지 않는다. 어머니가 그리워서다. 왜 하필 그리움은 마음에 묻혔다가 오늘 밤처럼 찬바람 휘몰아치는 밤중에 떠오르는 것일까?

한겨울 달밤, 이불 속에서 뒹굴뒹굴한다. 창문 두드리는 바람 소리에 귀 기울이니 문득 어릴 적 생각이 난다. 어느새 나는 두고 온 고향집 방 안에 앉아 있다. 물결처럼 불어오는 바람에 부르르 떨던 문풍지 소리가 들려온다. 내 곁엔 무명 치마 입은 어머니가 앉아 계신다.

밤마을을 다니다가 손을 호호 불며 방에 들어서니 아랫목 이불을 젖히고, 발을 넣게 하시던 어머니. 절절 끓는 온돌방 아랫목에 한참 엎드려 몸 녹이고 있을 때 내 등을 두드리신다. "어서 일어나, 이것 좀 먹어봐"라고 하신다.

살얼음과 파란 고춧잎이 동동 뜬 동치미를 떠 오셨다. "이 추운 밤에 물김치!"라며 응석 부리던 내게 화로에 구워주는 인절미를 조청에

찍어, 먹으라고 하셨다. 시장하던 참이어서 달게 먹었다. 길쭉한 동치미 통무를 버석버석 씹던 그날 밤의 어머니에 대한 기억은 잊히지 않는다. 내 마음을 햇솜 이불처럼 포근하게 해주신 투박한 그 사랑이 그리워진다.

시래기가 춤춘다. 바깥 기둥에 매단 기다란 두름이 부는 된바람에 흔들린다. 스르륵스르륵한다. 어머니는 한밤중인데도 벌떡 일어나서 그 시래기를 거두고 방에 들어오신다. 그때다. 내 발치 이불을 다시 덮어주고 잠자리에 드신다. 으레 그리하신다. 문 앞 처마 끝엔 벌벌 떠는 이엉 소리가 부르르 부르르.

당시엔 집에서 키우는 동물도 식구처럼 돌봤다. 오늘같이 차가운 밤이면 나는 처마 속에 사는 우리 집 참새가, 닭집 같은 나무통에 키우던 토끼가 춥겠지라며 내다보고, 바람 드는 틈새를 짚으로 막아주곤 했다. 어머니는 밤중에도 외양간에 들러 지그시 눈 감고 자는 척하는 누렁소를 한참 쓰다듬어 주셨다. 그럴 때면 누렁이는 다문 입을 오물거리며 여물을 되씹었다. 뽀도독뽀도독.

'겨울 소리'는 그뿐만이 아니다. 사립문 쪽 감나무 가지를 흔들며 쌩쌩 불던 맑은 바람 소리. 아버지가 큰집 가셨다가 밤늦게 돌아오실 때 두루마기 자락을 흔들던 세찬 바람 소리. 집 뒤편에 산처럼 쌓아놓은 땔나무, 그 좁은 나뭇가지 사이사이로 틈입闖入하는 매서운 북풍 소리, 휘휘 휘휘.

이슥한 밤, 들리는 고향의 겨울 소리는 무심한 나를 일깨운다. 늙어

간다는 것은 가버린 정을, 잊은 은혜를 되새김질하는 과정일까, 겨울 밤일까? 못내 그립고 안타까운 마음. 어머니의 회억回憶으로 뒤척이는 밤, 잠은 오지 않고 어쩌자고 자꾸만 들려오는 그 '겨울 소리.' 사그락 사그락 ~.

그 소리가 내게 다가오는 어머니의 발걸음 소리인 듯싶어, 기운 달에 두 손을 모은다.

주목, 곱게 오래 사는

팔당 댐에 햇살이 내린다. 한여름 강물에 반짝이는 윤슬은 아름답다. 마치 작은 물고기 떼가 비늘을 파닥이는 듯하다. 강바람이 풋내를 실어온다. 버들가지가 강변에서 붓질하는 것처럼 살랑인다. 친구 별장이 여기쯤이지 싶다.

차를 멈춰, 그의 집 앞에 다가선다. 주목朱木이 먼저 눈에 들어온다. 내 키 높이로 입구 양쪽에 한 그루씩 서서 나를 반겨준다. 마치 다이아몬드를 반으로 잘라 세운 모양새다. 방금 이발한 수문장처럼 말끔해 보인다. 전신을 훑어봐도 반듯하고, 부분으로 뜯어봐도 매끈하다. 그 자리에 서성이며 그의 삶을 읽는다.

잘리며 살아온 나무다. 저 정도로 몸매가 다듬어지기 위해서는 수없이 잘렸을 주목이다. 가지를 조금만 돌출하여 뻗거나 햇볕을 좀 더 받고자 웃자라면 으레 싹둑싹둑 잘린다. 한 해에도 여러 번 살점을 도려내는 통증을 겪는다. 그게 으뜸 관상수觀賞樹로 태어난 운명이다.

반듯하게 곱게 자라야 하는.

말끔한 겉모습만이 아니다. 본심도 푸르다. 늘 푸른 상록수다. 그 때문인지 살아 천 년, 죽어 천 년이라 일컬을 만큼 오래 살고 또 썩지 않아 고급 관재棺材로 쓰인다. 낙랑 고분의 관재가 이 나무라고 한다. 재질이 치밀하고 단단하며 결이 곱고 아름다워 조각재, 공예재로 쓰임새가 많은 귀한 나무다.

다른 나무처럼 겨울이 와도 잎을 떨구지 않는다. 휘몰아치는 설한풍에 잎이 어는 동상凍傷을 견딘다. 남다른 잘못도 없이 잎과 가지도 줄기도 싹싹 잘리는 그 아픔과 쓰라림이 오죽할까. 그 어디에 그와 같은 순종의, 인내의 미덕이 있어 살결이 떨어져 나가는 그 아픔을 참고 견딜 수 있을까?

돌아보면 나도 아픔은 더러 겪었다. 할아버지의 회초리를 맞으며 자랐다. 수시로 일러주신 한문 공부는 하지 않고 엉뚱한 놀이(연날리기, 제기차기)를 하고 있을 때, 마을 애들과 싸우고 돌아올 때, 친구들과 어울려 놀다가 끼니때를 놓치고 귀가할 때면 꾸짖으면서 회초리를 드셨다. 별나게 튀는 삶보다 올바른 행동으로 평범하게 살아가길 바라셨다. 잘리는 아픔에 비할 수는 없지만, '행동의 전지剪枝'를 당하여 가슴앓이한 유년의 삶이었다.

무릇 거칠고 가파른 고갯길을 넘어야 꽃길이 트인다고 하더니 저 주목이 그렇다. 자라는 게 잘리는 아픔을 견디는 과정이다. 살 에는 통증을 참으며 가풀막을 오르는 삶이다. 불그스레한 몸으로 늘 긴장하며 남다른 고난을 겪었기에 꽃보다 고운 몸매다. 살결이다. 물론 인간의 '관상 욕망'으로 가지와 줄기가 잘리긴 하지만, 그 고통을 참아낸 '미美'다. 성큼 다가가 만져보고 싶은 살결이다.

성장하면서 잘린 아픔이 없었다면 저 정도의 '미'를 가지지 못했을 주목이다. 나 또한, '행동의 전지'를 해주지 않았다면 이 정도나마 성하게 자라지 못했을 것이다. 그런 할아버지의 매질에. 아버지와 스승의 꾸짖음에 감사한다. 그 매질과 꾸짖음이 없었던들 지금의 내 모습을 보존해 올 수 있었을까. 비록 주목만치 남의 눈을 끄는 '고운 삶'을 가지지 못했을지라도. 거울에 얼굴이 간다. 주름이 자글자글하다.

그런 주름 한 줄 보이지 않는 주목, 늙어도 푸르름을 잃지 않고 곱게 오래 산다. 그의 수명, 10분의 1만치도 살지 못하는 우리네 생生이 아닌가. 그래선지 어느덧 내게 매질해 줄 할아버지도 아버지도 계시지 않는다. 이제 내게 매질해 줄 이도 꾸짖어 줄 사람도 없다. 내 모습과 마음을 가다듬어야 할 매질을, '행동의 전지'를 스스로 해야 한다. 그뿐만이 아니다. 애들에게 전범典範이 돼야 할 할배가 아닌가.

그런데도 푸르던 시절만큼 내 모습을 다듬지 않는다. 마치 고삐 풀린 말처럼 자유롭다. 이발도 뜸하고 치장도 차림도 소홀하다. 게으른 타성에 젖은 나날이다. '행동의 전지'도 하지 않은 채 좌충우돌, 경거망동하기 일쑤다. 그러니 어찌 주목의 삶이 부럽지 않겠는가. 자주 그의 앞에 서성여 봐야겠다. 늘 곱게 오래 살며, 쓰임새 많은 주목의 심중을 헤아리면서.

붉은 치마들

두 부인이 보고 싶은 남편을 만날 수 없었다. 그 기구한 사연이 가슴을 아리게 한다.

그중 한 사람, 중종中宗의 왕비 얘기다.

연산군燕山君(1476~1506)의 광기 어린 폭정으로 신하들이 중종반정*을 일으켰다. 이 사건으로 연산군이 폐위되고 그의 이복동생, 진성대군晉城大君이 제11대 왕으로 추대됐다. 왕위에 올랐으나 기쁘지 않았다. 왕비 신 씨愼氏의 아버지 신수근愼守勤이 연산군의 최측근(좌의정)이었기에 반정군反正軍에 척살刺殺됐다. 반정공신들이 역적의 딸을 왕비로 모실 수 없다는 이유로 책봉된 지 이레 만에 정분이 두텁던 부부를 생이별시켰다.

왕의 힘으로도 어쩔 수 없는 높은 파고였다. 후환을 두려워하는 반정공신들의 생사가 달린 문제였으니. 중종의 반대에도 반정군이 왕비를 폐위시켰다. 날벼락이었다. 사상史上 가장 짧게 중전 자리에 앉았던

신 씨는 인왕산 자락 움막 같은 사가私家로 내몰렸다.

중종과 중전은 각각 열한 살, 열두 살 나이에 혼인했다. 서로 소꿉놀이해가며 오손도손 정답게 살았다. 바람이 불면 서로 의지하는 나뭇가지처럼 늘 함께 다녔다. 팔 년간 그렇게 살았으니 정이 두터웠다. 속속들이 쌓인 그 정을 가르는 건 생살을 찢어내는 것과 진배없었다. 그것도 피 끓던 나이에 갈라서게 하였으니.

그들이 원하여 왕위에 오른 게 아니었다. 추대해준 왕이었기에 반정공신들의 전횡에 휘둘렸다. 의지하고 살던 아내를 잃었던 왕자王座였다. 격식 따라 근엄하게 앉아 있어야 하는 왕의 자리에서 그 고적함이 오죽했을까. 바깥이 맑은 날이면 경회루에 올라, 인왕산 신 씨의 사가私家 쪽을 물끄러미 바라보며 그리워했다. 그 소식을 전해 들은 신 씨는 궁중에서 자주 입던 '붉은 치마'를 인왕산 바위에 펼쳐놓았다. 자신의 안부를, 만나고 싶은 '아픈 그리움'을 그 치마폭에 감은 메시지였다.

중종이 경회루에서 그 '붉은 치마'를 쳐다봤을 심정이 어땠을까. 그 치맛자락이 펄럭이면 가슴이 요동치지 않았을까? 사람들은 이 바위를 '치마 바위'라고 불렀다. 지금도 그 바위는 할 말을 잊고, 경회루를 내려다보는 듯하다. 그 치마폭엔 신 씨의 애간장이 녹아 있었을 거다. 뗄 수 없었던 부부의 애틋한 정을 이어준 '가교'였으니, 역사의, 인간의 아이러니였다.

또 한 사람, 다산 정약용茶山 丁若鏞(1762~1836)의 부인 홍 씨 사연이다.

다산은 조선 후기 실학자이자 개혁사상가였다. 1801년(순조 1년), 40세 때 천주교에 가해진 박해로 경상도 장기(현재 포항시 장기면)를 거쳐 전라도 강진으로 유배됐다. 그 유배지에서 18년 동안 제자들을 가르치고 학문에 몰두하여, 애민 우국 정신과 실사구시實事求是의 개혁 사상을 500여 권의 책에 담았다.

그 유배 시절(1810) 부인 홍 씨가 만나고 싶은 마음이 밴 여섯 폭 다홍치마를 남편에게 보냈다. 다산의 나이 49세 때였다. 노을빛 치마를 뜻하는 '하피霞帔*'는 부인 홍 씨가 시집올 때 입었던 '붉은 치마'의 빛바랜 모양을 은유적으로 표현한 말이었다. 다산은 그 치마를 마름질하여 만든 친필 '하피첩'을 답신으로 보냈다.

이 하피첩에 두 아들(학연, 학유)에게 전하고 싶은 당부의 말을 적었다. 가족 간의 유대, 선비에게 필요한 마음가짐, 삶의 태도 등 교훈을 줄 만한 내용을 썼다. 필적도 한 가지 서체가 아니었다. 행서行書와 행초서行草書, 전서篆書와 예서隸書 등으로 정약용의 전형적인 서체를 남겼다.

그 하피첩 서문에 다산은 자신의 마음을 고스란히 담았다.

> 병든 아내가 치마를 보내/ 천 리 밖에 그리워하는 마음을 부쳤는데/ 오랜 세월에 홍색이 이미 바랜 것을 보니/ 서글피 노쇠했다는 생각이 드네./ 잘라서 작은 서첩을 만들어/ 그나마 아들들을 타이르는 글귀를 쓰니/ 어머니 아버지를 생각하며/ 평생 가슴속에 새기기를 기대하노

라.// 가경(嘉慶) 경오년(1810) 9월 다산의 동암(東庵)에서 쓰다.

다산은 자상한 아버지였다. 1813년 7월, 시집가는 딸에게도 서첩을 보냈다. 부인이 보낸 빛바랜 비단 치마 조각에 매화와 새를 그리고, 그 밑에 시를 써서 <매화병제도梅花屛題圖>란 작품을 만들었다. 참새 한 쌍이 다복한 가정을 꾸미고, 풍성한 열매를 맺어 집안이 번창하기를 기원한, 아버지의 마음을 적었다. 이보다 더한 부정父情의 당부가 또 있을까. 잔잔한 여운이 이는 시구詩句다.

> 포롱 포롱 날아온 새/ 우리 집 매화 가지에 쉬는구나/ 꽃향기 짙으니/ 그래서 찾아왔겠지/ 여기 머물고 깃들어/ 내 집안을 즐겁게 하려무나/ 이제 꽃 활짝 피었으니/ 열매도 많이 열릴 거야.// 1813년 7월 14일에 열수옹*이 다산 동암에서 쓰다.

두 '붉은 치마'는 부부간이지만 서로 떨어져 살 수밖에 없었던 부인들이, 남편을 그리는 '아픈 마음'을 치마에 담아 보낸 애절한 사연이다. 절실한 정감이 치마 올올이 밴 내간內簡이다. 만나고 싶었던 뼈저린 그리움이다.

나는 그런 그리움이 있었던가. 물론 왕과 대학자에 내 삶을 비견하긴 주제넘을지 모르지만, 부부간 정이야 신분과 무관할 거다. 군 생활과 외국 근무 등으로 더러 떨어져 살았지만, 그토록 절절한 정감을 나누지 못한 아쉬움이 있다. 내 탓이다. 평소에 무뚝뚝한 찬 성격 때문이다. 그래선지 그분들의 사연이 심금을 휘젓는다. 내가 당사자인 양 눈앞에 두 '붉은 치마'가 자꾸만 어른거린다. 그리움도 노욕老慾인지.

*중종반정(中宗反正): 문신 박원종(朴元宗)이 연산군의 폭정에 유순정(柳順汀), 성희안(成希顔) 등의 훈구(勳舊) 세력과 함께 임금을 몰아내고 진성대군 이역(晉城大君 李懌)을 왕으로 추대한 사건.

*하피(霞帔): 노을 빛깔의 붉은색 치마란 뜻으로 조선 시대 사대부 여인의 예복을 가리킨다.

*열수옹(列宿翁): 당하관((堂下官), 즉 낮은 벼슬의 할아버지.

어머니의 사철, 나의 사철

누구에게나 사철이 있다. 잎과 꽃을 피워 자라고, 열매 익혀 갈무리하는 사계절. 그 사철을 오직 자식에게 잘 먹이려는 일념으로 일한 어머니. 여느 집 어머니가 다 그러하겠지만, 유달리 가슴에 사무치는 건, 나의 사철을 어머니와 함께하지 못한 아쉬움, 그 불효다.

앞뒤 산이 병풍처럼 쳐진 한적한 농촌이 내 고향이다. 시티재* 아랫마을에 햇볕이 깁(거친 비단)처럼 깔리는 봄이면, 어머니는 뻐꾸기 울음소리를 밟으며, 산나물 뜯으러 앞산(삼성산)에 오르신다. 검정 치마 차림에 소쿠리를 옆에 끼고, 몸에 좋다는 산나물을 뜯는다. 두릅·고사리·곰취·홑잎 등의 첫 순, 첫 잎을 놓치지 않는다. 특히, 홑잎나물을 많이 뜯어오시곤 한다.

그 홑잎을 다듬어 가마솥에 넣고 삶는다. 초록의 제 색깔이 변하지 않도록 뜨거운 물에 살짝 데친다. 혹시 푹 삶아질까 봐 가마솥 곁을 뜨지 않는다. 삶자마자 찬물에 깨끗이 씻어, 봄나물 밥상을 차린다.

아버지에겐 독상을 차려드린다. 그런 다음 큰 대접에 뜨거운 밥, 데친 홑잎, 그리고 고추장·들기름을 넣고 비빈다. 나와 동생들에겐 비빈 그 밥을 그릇에 담아주며 "많이 먹어라"라고 권한다. 봄이면 으레 그리하셨으니 그 봄나물의 생기로 내가 건강하지 싶다. 그저 고마운 어머니의 비빔밥, 그 여린 잎의 풋나물 향내가 지금도 풍겨오는 듯하다.

마을 앞 삼성산에 녹음이 짙어지는 여름이면 콩밭을 매신다. 우리나라에서 가장 덥다는 영천永川, 그 울리미* 산비탈 큰 밭에서다. 머리엔 수건을 두르고, 고무신이 닳을까 봐 밭둑에 벗어놓고, 호미로 밭고랑을 긁으며 풀을 뽑는다. 뜨거운 더위에 땀이 비 오듯 내리면 머릿수건으로 닦으면서, 온종일 사레 긴 밭을 매신다. 낱알이 굵고 빛깔 고운 노란 콩을 수확하여 달고 맛있는 장과 된장을 담글 요량으로.

그렇게 일하시고 해가 설핏하면 집에 돌아오신다. 손 많이 가는 밀가루를 반죽하여 수제비를 만든다. 한 조각씩 떼어 맑은장국에 넣는다. 휘휘 저어가며 끓인다. '맛있는 수제비여야 한다'라는 자애심子愛心으로. 그날 저녁 밥상이 잊히지 않는다. 널따란 마당에 멍석 깔고, 온 가족이 둘러앉아 먹던 수제비 맛, 졸깃졸깃한 그 맛은 팍팍한 삶에 허기져서 느끼는 그런 맛이 아니었다.

어머니의 정성과 손맛이 한데 어울린 데다 촌가의 풍경이 함께한 소박한 맛이다. 외양간 농우가 방울을 쩔렁거리며 여물 씹는 소리, 마당 한쪽에 피어오르는 모깃불 연기, 밥상에 내린 하얀 달빛이 어른거리는 그 정서에서 우러나는 맛일 거다.

긴 여름이 가고 선들바람이 불면 더 바쁜 나날, 추수하신다. 참깨와 들깨를 거둬 양지바른 가을볕에 바짝 말린다. 그런 다음 멍석 위에 그것들을 눕혀 긴 막대로 토닥토닥 터신다. 가을걷이가 어디 그뿐인가.

무· 배추를 수확하신다. 무청 하나 버리지 않는다. 길쭉한 무 줄기를 가지런히 새끼에 엮어, 처마 서까래에 매단다. 말라가며 증발하는 그 줄기의 수분 냄새가 구수하다. 흐뭇해하시며 어머니는 안강安康장에 가서 젓갈을 산다. 겨우내 먹을 김치를 담근다. 겉절이· 총각김치 · 배추김치 등 장독대에 김칫독이 놓이면, 얼굴에 미소를 띠면서 뒷마당 한쪽에 구덩이를 판다. 동치미 독을 거기에 묻으신다.

추수가 끝나면 쉴 만도 하건만, 더 바삐 서두신다. 찬바람 따라 동분서주한다. 겨우내 먹을거리 갈무리 때문이다. 뒷마당에 산처럼 쌓아놓은 땔나무 밑에 구덩이를 깊숙이 판다. 긴 겨울 동안 먹을 무· 배추· 밤· 감자 등을 짚 깐 굴속에 묻는다. 이슥한 밤 친구 집에서 놀다가 돌아오는 내게 먹이고자 홍시도 쌀독 깊숙이 묻어두신다.

어머니의 뚝심은 남달랐다. 철 따라 일하시던 어머니의 일이 어찌 먹을거리만일까. 아홉 식구가 갈아입을 옷가지며, 빨래와 집 안 청소, 들판에 새참 지어 나르는 일 등 헤아릴 수 없는 많은 일을 하셨다. 집에 기르는 소· 닭· 개· 토끼를 식구처럼 챙겨 먹였으니, 손에 물 마르는 날이 없었다. 어머니의 '인생 사철' 내내 그리하셨다.

오직 자식들에게 잘 먹이려고, 그것만을 생각하고 산 일생이었다. 칠 남매 모두 큰 병 앓지 않고 거동이 자유로운 것도 철 따라 몸에 좋다는 먹을거리를 손수 키우고, 거두어 끓여주신 어머니의 덕이다. 당신이 쏟아낸 엄청난 땀방울로 온 가족이 건강하다. 정성이 낳은 효험이다.

그러느라고 한평생 마음 편히 쉬지 않으셨다. 사철은 '일의 기어'를 바꾸는 것과 다름없었다. 그런 어머니는 남들처럼 철 따라 떠나는 나들이도 꽃놀이도 하지 않았다. 아무런 오락이나 향락의 여유가 없었다. 숱하게 많은 관광버스 한 번 태워드리지 못했다. 일흔 번 넘는 사철이 오가곤 했건만 함께 나들이 한 번 하지 못한 맏이가 아닌가.

비록 내 어린 시절이었지만, 맏이인 내게 잘 먹이려는 한마음으로 철 따라 일터를 찾던 나날이었다. 시집와 칠 년간 불공드리고, 새벽마다 정화수 떠놓고 빌고 또 빌어 낳은 나였으니 그리 하셨을까? 어머니는 내가 맛있게 먹고 건강하기만을 바라셨던 삶이었다. 그래설까. 철 따라 소쿠리 옆에 끼고 산으로, 들로, 논밭으로 나가시던 어머니의 뒷모습이 아련히 떠오른다.

파도처럼 밀려오는 설움이 나의 '인생 사철'을 펼친다. 나의 봄, 십대에 진학하고자 홀로 도시로 나섰다. 1950년 6·25전쟁 때, 영천에서 하숙하며 중학교 과정을 마쳤다. 때마침 피난 온 서울 학교(국립 체신고등학교)에 입학하고자 부산으로 갔다. 그 후 정전으로 학교 따라 환도했다. 서울에서 살게 된 계기가 됐다.

학교를 졸업하자 체신부 공무원 생활을 하다가 코트라KOTRA로 직장을 옮겼다. 그 시절이 내 인생의 여름이요 가을이었다. 수출 따라 외국(일본·미국·브라질·세네갈 등지)으로 전전했다. 해마다 부여받은 수출목표가 그렇게도 중요했던가. 밤낮없이 그 목표 달성만을 위해 동분서주한 삶이었다. 주말이면 본국에서 온 기업인들을 안내해 현지 유명 관광지를 찾을 때면, '어머니와 함께라면 얼마나 좋을까'라고 되뇌곤 하였지만, 그때뿐이었다.

이제 내 인생 저물녘, 한겨울이다. 직장을 퇴직하고 집에 나앉으니 유년 시절이 그립기만 하다. 그 옛날 손수 뜯은 나물로 비벼주시던 어머니의 그 비빔밥이 먹고 싶다. 오늘처럼 이슥한 겨울밤이면, 어머니가 차려주던 밤참을 떠올리며 입맛을 다신다. 화롯불에 보글보글 끓여주시던 담북장 생각이 나고, 쌀독에서 꺼내주시던 야들야들한 홍시가 그리운 밤.

베개를 움켜잡고 잠 못 이뤄 뒤척인다. 나의 '인생 사철'에 단 한 번만이라도 어머니의 손을 잡고, "여기가 임금님이 살았던 경복궁"이라고, 안내해 드리지 못한 아쉬움이 이불을 적신다. 어머니는 아니 계시는데 내게 주신 눈물은 여태껏 남았다. '불효는 시효도 없는가?'

*시티재: 경북 영천시와 경주시 경계를 이룬 삼성산(三聖山, 578M) 자락의 고개 이름.

*울리미: 고향 뒷산 비탈밭을 일컫던 지역명.

손풍기

철 바뀌면 손에 쥘 상품도 바뀐다. 여름철 필수 휴대품이 부채였는데 언제부턴가 동그란 손거울 같은 작은 선풍기가 인기다.

국회도서관에 가려고 여의나루 버스정류장에 이른다. 차를 기다리는 아낙네들이 손풍기(휴대용 선풍기의 새말)를 목 앞에 들고 있다. 새로운 풍경이다. 유심이 바라본다. 그때 한강 공원 쪽에서 여학생 5~6명이 몰려온다. 그들도 유사한 선풍기를 들고 있다. 손에 손에 '철 상품' 든 사람들 틈에 나는 이방인인 듯 어색하다. 누르스름한 오래된 쥘부채를 연신 부치고 있으니.

"시원합니까?" 손풍기 든 옆 사람에게 묻는다.

"예, 부채보다 훨씬 시원합니다."

"네, 저도 하나 사야겠습니다"라며 버스를 탄다.

차 안에서 부채를 다시 편다. 색깔은 늙었지만, 얼굴은 말짱하다. 중국 명산이 그려진 산수화다. 계곡 사이에 물이 콸콸 흐른다. 울창한 나무들이 보기만 해도 시원하다.

선물로 받은 거다. 큰애가 중국 출장길에 사 온 부채. 속살을 종잇장처럼 얇게 깎은 겉대(대나무 거죽)를 맞붙여서 만든 합죽선合竹扇이다. 고리에 달린 기다란 줄에 노리개인 적赤·청靑·황黃·백白색의 선초扇貂까지 달린 귀한 부채다.

자랑거리다. 여러 사람이 모인 장소에서 서른 개 부챗살을 주르륵 펼치면 내게로 눈길이 모였으니…. 그동안 하도 많이 쥐고 다녀서 부채 손잡이가 매끈하다. 그처럼 손에 익은 부채를 서랍에 넣고 손풍기를 사야 할 것 같다. 아쉽지만 임무 교대할 때다. 시류에 따르는 게 순리일 것 같다. "나이 들면 가진 신변품이 새로운 것이어야 젊어 보인다."라던 딸의 진언이 머리를 스친다.

버스가 멎는다. 도서관에 들어선다. 앞에 걸어가는 청년들도 손풍기를 들고 즐긴다. 물결처럼 다가오는 손풍기를 의식한다. 한여름인 지금이 철이지 싶다. 어떤 게 좋을까? 컴퓨터에 '손풍기'를 검색한다. 여러 상품이 주르륵 뜬다.

르젠·루메나·샤오미·아이리버·프롬비 등의 낯선 브랜드. 가격도 9천 원대에서 2만3천 원 선까지 다양하다. 중국에서 만든 것도 더러 있지만, 이왕이면 안전성이 높은 국산품을 사야겠다. 비싸지도 않으면서 문방구에도 있다는 프롬비FROMb 모델이 좋을 것 같다.

접이식이다. 간편하게 휴대할 수 있다. 서류 가방에도 쏙 들어가는 주먹만 한 크기다. 거치대에 세워놓고 이용할 수도 있다. 약풍·중풍

·강풍의 3단 버튼 방식이다. 안전을 인증(KC 마크)받은 다섯 색깔 신상품으로 디자인이 싼듯하다. 11시간이란 배터리 수명이 동그라미를 짓게 한다.

새로운 건 설렌다. 얼마 전에 산 손전화(갤럭시S8플러스)가 그랬다. 신기능을 익히면서 재미가 소소했다. 그 휴대폰으로 꽃 사진을 많이 찍었다. 그 사진을 친구들에게 보내주면서 어깨를 으쓱했다. 높아진 해상도와 좋아진 색감이 마치 내가 사진을 잘 찍은 것처럼 으스댔다. 돋보인 '헬스 앱App' 기능도 있었다. 스트레스·심장박동 수를 측정하는 실용성까지 겸비했다.

그런 신기능 손전화 때문일까. 손풍기의 새 모델에 관심이 간다. 우선 쥐고 다닐 멋이 있을 것 같다. 왼손엔 손전화, 오른손엔 손풍기를 들고 걸을 내 모습을 상상한다. 점잖지 않을지는 모르지만, 빛날 게 없는 노년의 내 겉모습이기에, 이런 것으로나마 존재감을 드러내고 싶은 심정. 애들 같은 마음!

내 힘이 아닌 전기 힘으로 돌아가는 시원스러운 바람으로, 올해는 땀을 덜 흘릴 것 같다. 땀 많이 흘리는 아내 얼굴이 떠오른다. 어찌 나만 손풍기를 들고 다니겠는가. 이왕이면 두 세트를 사야겠다. 딸도 좋아할 것이다. 나이 들면 신변품이 새로워야 한다던 그 애였기에.

피식 웃을 아내 얼굴이 눈앞에 어른거린다. 새로운 '철 상품'은 선물로도 안성맞춤일 것이다. 귀가 시간이 은근히 기다려진다. 들고 갈 '손풍기'가 시원한 '집 바람'을 불러일으킬 것이기에. 설렌다.

인심, 박해져 가는

인심이 옛날 같지 않다는 말을 자주 듣는다. 그래선지 인정이 훈훈하던 옛터가 그립다.

40여 년 만에 고향을 찾는다. 지금은 아는 이가 거의 없는 낯선 마을이다. 하지만 어릴 적 어머니의 심부름으로 떡이나 수박을 들고, 이웃집에 건네주던 그 골목을 둘러보고픈 마음에서다. 대구를 거쳐 영천永川시 고경읍 시티재* 아랫마을에 닿는다.

초가집이던 동네는 울긋불긋한 서양식을 본떠서, 얄팍한 슬레이트 지붕이거나, 기와집으로 바뀌었다. 좁았던 골목에 차들이 다닌다. 마을 앞 들판은 늦가을 추수가 한창이다. 집집이 있었던 감나무가 드물다. 호박 익던 조붓한 돌담길은 흔적도 없다. 지붕에 안테나가 드문드문 솟아 있다. 마치 도회지의 변두리 마을 같다.

몇 집 건너 한 나무씩 있는 감나무에도 홍시가 보이지 않는다. 이맘때 십여 개씩 남겼던 새들의 식량이었는데…. 추수한 농작물을 실어

나르던 달구지도 오간 데 없다. 덜커덕거리는 경운기만 간간이 눈에 띌 뿐이다.

어릴 적 옛 풍경이 사라졌기 때문일까. 펄 벅 여사Pearl S. Buck(1892~1973)의 일화가 떠오른다. 1960년 10월 처음으로 한국을 찾아온 그녀가 감탄한 얘기다. 미국의 여류 소설가이자 장편 소설 대지大地로 노벨 문학상을 탄 대문호를 당시 조선일보 문화부 이규태李圭泰(1933~2006) 기자가 동행 취재하면서 쓴 글이다.

> 경주를 여행하는 차 안에서 바깥을 내다보던 펄 벅 여사가, 가을녘 시골집 마당의 감나무 끝에 달린 감 여남은 개를 보고는, 문득 "따기 힘들어 그냥 두는 거냐?"라고 물었다. 이 기자는 "까치밥이라 해서 겨울새들을 위해 남겨 둔 것"이라고 설명하자, 펄 벅 여사는 "바로 그거예요, 제가 한국에서 보고자 한 것은 고적이나 왕릉이 아니었어요. 이것만으로도 나는 한국에 잘 왔다고 생각해요"라고 하며 탄성을 내질렀다.
>
> 그녀는 한 번 더 감동한다. 마침 가을 들녘에서 온종일 밭일을 마친 소가 힘들어할까 봐 달구지를 타지 않고 지게에다 볏단을 짊어진 농부가 소 곁에서 걸어가는 모습을 보고 감탄한다. "미국 같으면 저렇게 하지 않을 거야. 지게도 짐도 달구지에 싣고 농부도 올라탔을 거야. 소의 짐마저 덜어 주려는 저 마음, 저게 내가 한국에 와서 보고 싶었던 모습이야."
>
> 이 말을 들은 기자는 가난에 찌든 한국 농촌의 모습을 보여 주는 것이 부끄러웠는데, 그 말을 듣고 자신이 더욱 부끄러웠다. 1963년 출

간한 펄 벅의 <살아있는 갈대> 첫머리에 "한국은 고상한 사람들이 사는 보석 같은 나라"라고 극찬한 것은 날짐승과 소까지 배려한 한국인의 고운 심성을 느꼈기 때문이었다.

그 당시 내 고향에서도 흔히 보는 풍경이었다. 펄 벅 여사가 지나쳤던 경주는 고향에서 산 하나 너머에 있다. 가까운 곳이었기에 풍습이나 인심은 다르지 않았다. 먹고 살기 어려웠던 그 시절이었지만, 마음만은 온돌방처럼 따뜻하고 베풂은 꽃처럼 너그러웠다.

까치나 새들에 먹이를 남기는 건 당연한 것으로 여겼으며, 온종일 부리던 소의 짐이 되지 않으려는 농부의 마음은 그 당시 너나없이 가졌던 우리의 심성이요, 인심이었다.

도시인도 별반 다름이 없었다. 마음이 따스했다. 1950년대 내가 상경할 때만 해도 인심은 지금과 달랐다. 6·25전쟁 후의 핍박한 생활 속에서도 새로 이사 온 이웃들은 정성껏 빚은 시루떡을 돌리며 "잘 부탁합니다."라는 말을 잊지 않았다. 하찮은 추어탕을 끓여도 이웃에 나눠 먹던 정의情誼가 있었다.

이제 그런 '따뜻한 정'을 느낄 수 없다. 요즘은 이웃에 같이 살다가 이사를 떠나도 인사조차 없는 게 보편화하고 있다. 나 또한 예외가 아니다. 길에서 배고파 구걸하는 이를 지나치기 일쑤다. 그러니 철 따라 날아드는 날짐승에 대한 배려는 물론 이웃에 대한 마음 씀씀이가 인색해져 간다. 반면 서구화의 물결 때문인지 이기심과 자의식이 강해져 가는 요즘이다.

마음의 여유와 양보의 아량이 좁아져 가고 인심도 우리의 삶에서 자꾸만 멀어져간다. 생활환경이 훨씬 좋아졌고 먹을거리가 넘쳐나는 이즈음인데도. 펄 벅 여사가 감탄했던 조상 전래의 따뜻한 마음이 아쉽다. 떠난 임처럼 그리운 인심이다.

대문호 펄 벅 여사가 제 나라로 가져가고 싶었던, 마냥 부러워했던 한국인의 보석 같은 심성은 이제 어디로 갔을까? 동물에 대한, 이웃에 대한 배려와 정이 결핍돼 가는 오늘이다. 인심이 각박해져 가는 현실이다. 정 없는 곳에 마음이 머물지 않는다.

문명은 '부富'와 '편리'를 가져오지만, 인간의 고운 심성을 앗아가는가. 지난날의 한국다운, 우리다운 그 따뜻한 마음을 다시 찾아올 수는 없을까? 하늘은 그 하늘이고, 가을도 그 가을인데…. 변해도 너무 변했다. 지금의 내 고향 풍경을 펄 벅 여사가 다시 본다면 더 큰 탄성을 지를 일이다. '그 곱던 심성이 이렇게 변했느냐'라고.

고향만이 아니다. 내가 사는 서울도 마찬가지다. 콘크리트 아파트에 살아선지 인심이 날로 메말라간다. 이웃에 대한 마음 씀이 너그럽지 않을 뿐만 아니라 옆집에 누가 사는지조차 알지 못하는 시대 흐름이다.

같은 얼굴 색깔로, 같은 말을 쓰고, 같은 김치를 먹고, 같은 현관문을 드나드는 이웃에게마저 인사도 없이 지나치는 냉랭한 자신이다. 선대가 물려준 고운 심성을 어디로 보내고 동지섣달 같은 차디찬 내 마음만 남았는가. 펄 벅 여사가 그토록 부러워하던 우리의 푸근한 마음씨를 어디에다 두고 서구의 이기적인 심성만 본받고 있는지. '인심은 천심'이라던 그 시절이 그립다.

날로 박해져 가는 인심, 마냥 세월에 묻혀 간다. 마음아, 너는 왜 가만히 있느냐. 우리네 마음 씀씀이가, 나의 심성이 이 지경에 이르는데.

*시티재: 경북 영천시와 경주시 경계를 이루는 삼성산(三聖山) 자락에 있는 고갯길

땀이 주는 맛, 맛, 맛

올여름은 무덥다. 대기오염 때문인지 변덕스러운 날씨다. 주중은 불볕더위, 주말은 소낙비가 억수로 쏟아진다. 그러니 풀이 잘 자란다. 밭에 자주 들리게 하는 이유다.

오늘도 출근하듯 농장에 간다. 시흥시 물왕저수지 둑 밑, 천이백 평 밭이다. 주목·벚나무·전나무·사철나무 등 천여 그루의 나무가 나를 기다린다. 내 키 높이로 성장한 일곱 살배기다. 자식처럼 키우는 조경수다.

컨테이너 농막에 닿는다. 작업복으로 갈아입고, 얼굴에 선크림을 바른다. 밀짚모자를 쓰고 팔에 토시를 낀다. 호미와 무쇠 낫을 들고 밭두렁에 선다. 우선 나무 목을 죄는 환삼덩굴 중간중간을 자른다. 그런 다음 그 덩굴을 잡아당긴다. 주르르 걷힌다. 침 같은 작은 가시로 나무를 죄던 덩굴을 벗기니 나무만이 아닌, 내 마음마저 시원하다.

덩굴을 말끔히 걷어낸 후 나무 주위에 자란 바랭이·강아지풀·쇠비

름 등의 잡초를 뽑는다. 주말마다 비가 내려서인지 줄기를 쭉 잡아당기면 그냥 뿌리째 뽑힌다. 수북이 쌓여가는 그 풀을 걷어내 주면 조경수도 나를 고맙게 여기듯 나뭇가지를 흔든다.

땀이 비 오듯 솟는다. 허리춤에 찬 수건으로 얼굴을 닦고, 밭둑 얼음통의 냉수를 들이켜니 속까지 시원하다. 이 물맛! 한여름 밭에서 일해보지 않는 이는 모르는 맛이다. 땀이 주는 맛이다. 밭일뿐만이 아니라 우리네 '삶'도 그러하다. 땀 흘리지 않고는 진정한 맛을 느낄 수 없을 거다. 장어가 뜨거운 숯불에서 기름이 다 빠진 자리에 양념이 속속 배어들어야 맛이 있듯이 인생도 그럴 것이기에.

땀을 기름기를 줄줄 흘리며 스물일곱 고랑의 풀을 뽑는다. 수건 셋을 흠뻑 적신 후 집에 돌아온다. 땀으로 범벅이 된 옷을 벗고 샤워한다. 몸에 밴 땀과 열기가 싹 가신다. 찬물에 머리까지 감고 나니 온몸이 개운하다. 기다렸다는 듯 아내가 다가온다.

"식사하세요."

"손등이 왜 그래요?"라며 묻는다.

"환삼덩굴에 긁혔어요"라며 식탁에 앉는다.

일상 먹는 반찬에 같은 밥이지만, 입맛이 당긴다. 아욱국·물김치 맛이 유별나다.

손등이 좀 긁히면 어떤가. 땀 흘리고 먹는 밥맛이 꿀맛이다. 아마도 '인생의 맛'도 이러하지 않을까?

밭 방석

살다 보면 가슴 저미게 절실하지만, 해드리지 못한 부모에게 애달파하는 경우가 더러 있다.

한여름 농장 가는 길. 경기도 시흥시 월미마을에 들어선다. 길가 밭두렁에 수숫잎이 춤추는 콩밭에 김매는 아낙네가 보인다. 깔고 앉은 방석에 시선이 꽂힌다. 둥근 방석 양쪽에 끈을 달아 허리에 맨 물녀일체物女一體의 깔개다.

'밭 방석!' 아차 싶다.

저런 방석 생각을 왜 하지 못했을까? 저세상에 계신 어머니가 떠오른다. 이맘때면 으레 콩밭 고랑에 엎드려 김매며 땀 줄줄 흘리시던 그 모습. 햇볕에 그을리고 땀에 젖은 붉은 얼굴로 천오백여 평의 사례긴 밭고랑을 해마다 혼자 매셨다.

낟알이 굵고, 반질반질한 노란 콩을 소출所出하고자 여름 내내 땀 흘리시던 어머니였다. 아홉 식구 우리 가족에게, 아니 나에게 맛난

된장 담가 먹이려는 일념이셨다. 별나게 된장찌개 맛이 좋았다. 콩과 물, 소금만으로 익힌 된장에서 어찌 그런 맛이 났는지. 학교에서 돌아오면 뚝배기에 노란 멸치 몇 마리 넣고 끓여주시던 그 찌개를 즐겨 먹었다. 그 때문에 콩밭에서 그 고생을 하셨을 어머니.

자식이 뭔지? '7년간 이른 새벽마다 마을 앞 샘터를 찾아, 정화수 떠놓고 산신령께 빌고 빌어 낳은 맏이가 나였다니.' 그래서 홍시도 가장 굵고 색깔 고운 것을 쌀독 깊숙이 파묻었다가 내게 주곤 하셨을까.

그런 어머니께 나는 왜 저런 방석 하나 만들어 드리지 못했을까. 당시 중학생이었던 내가 저토록 단순하고 간단한 방석 하나 만들 수 없었을까? 스스로 만들지 못했더라도 남에게 의뢰하여 저런 방석 하나 장만해 드렸다면, 온종일 쪼그리고 앉아 김매시며, 무릎 아파하지 않았어도 되었을 것을. 지금도 서글프고 못 해 드린 '아쉬움의 울화'가 치민다. 이 나이에… 다시 돌이킬 수 없는 세월 속에….

그리 어렵지도 않을 방석. 비닐 또는 직물 천에 톱밥이나 조따위의 거친 곡식을 넣어 꿰매도 될 간단한 방석이 아닌가. 의자나 소파의 쿠션 같은 그런 방석을 마련해 들렸다면, 노년에 어머니가 무릎앓이로 고생하시지 않았을 것을. 바깥출입도 할 수 있었을 것을. 떠나실 때까지 무릎에 반창고를 덕지덕지 붙이지 않으셔도 되었을 것을….

'밭 방석' 하나 장만해 드리지 못한 아쉬움이 내 가슴을 아리게 한다. 생각할수록 건성으로 산 나였다. 그렇게 손쉬운 것 하나도 못 해 드렸으니. 어머니가 저 밭 방석을 보았다면 얼마나 맏이를 섭섭하게 생각하셨을까? '왜 안 그러셨겠나!' 수수도 고개를 끄덕인다.

정다운 마음이 좋은 작품을 낳는다

두 수필가가 그의 작품 속에 쓴 정다운 일화가 가슴에 모닥불을 피운다.

그 중 첫 번째, 목근통신木槿通信*의 작가 김소운金素雲(1907~1981)이 <외투>란 수필에 적은 이야기.

> 하얼빈서 4, 5백 리를 더 들어간다는 무슨 현縣이라는 데서 청마 유치환靑馬 柳致環(1908~1967)이 농장 경영을 하다가 자금문제인가 무슨 볼일이 생겨 서울을 왔던 길에 나를 만났다. 2, 3일 후에 결과가 시원치 못한 채 청마는 도로 북만北滿을 돌아가게 되었다.
>
> 눈이 펑펑 내리는 날이었다. 역두에는 유치진 내외 분— 그리고 몇몇 친구가 전송을 나왔다.
>
> 영하 40 몇 도의 북만으로 돌아간다는 청마가, 외투 한 벌 없는 세비로 바람이다. 당자야 태연자약일지 모르나 곁에서 보는 내 심정이 편하

지 못하다. 더구나 전송나온 이 중에는 기름이 흐르는 낙타 오버를 입은 이가 있었다.

내 외투를 벗어 주면 그만이다. 내 잠재의식은 몇 번이고 내 외투를 내가 벗기는 기분이다. 그런데 정작 미안한 일은 나도 외투란 것을 입고 있지 않았다.

기차 떠날 시간이 가까웠다.

내 전신을 둘러보아야 청마에게 줄 아무것도 내게 없고, 포켓에 꽂힌 만년필 한 자루가 손에 만져질 뿐이다. 내 스승에게서 물려받은 불란서제 '콩쿠링' ―. 요즈음, '파카'니 '오터맨' 따위는 명함도 못 들여놓을 초고급 만년필이다. 당시 6원 하는 이 만년필은 일본 안에도 열 자루가 없다고 했다.

"만년필 가졌나?" ―불쑥 묻는 말이 무슨 뜻인지도 모르고 청마는 제 주머니에서 흰 촉이 달린 싸구려 만년필을 끄집어내어 나를 준다.

그것을 받아서 내 주머니에 꽂고 '콩쿠링'을 청마 손에 쥐여 주었다.

만년필은 외투도 방한구도 아니련만, 그때 내 심정으로는 내가 입은 외투 한 벌을 청마에게 입혀 보낸다는 기분이었다.

가슴 따뜻한 전송이다. 그런 정다운 마음을 가졌기에 좋은 작품을 낳았을 거다. 한국과 일본 사이를 떠돌며 경계인으로 살아간 김소운. 그는 수필을 "사랑이란 밑거름 없이는 피어나지 않는 꽃"이라고 생각하였다. 그러기에 우리네 가슴을 뜨뜻하게 하는 <가난한 날의 행복>, <도마 소리> 등의 뛰어난 작품을 쓸 수 있었을 것이다.

유유상종類類相從이라 했던가. 전송받은 청마 역시 그런 마음이었기에 주옥같은 시를 지었을 거다. <깃발>, <그리움>, <행복> 등의 명시名詩를. 그는 <행복>이란 시에서 '사랑하는 것은 사랑을 받느니보다 행복하나니라'라고 읊었다.

두 번째로 수필가 근원 김용준近園 金瑢俊*이 <노시산방기老柿山房記>와 <육장후기鬻莊後記>에 쓴, 정든 집을 사고판 얘기다.

1944년 근원이 서울 성북동 집을 후배인 서양화가 수화 김환기樹話 金煥基*에게 넘기고 의정부로 이사 간다. 근원은 자신이 살던 집을 '늙은 감나무가 있는 집'이란 뜻의 '노시산방老柿山房(이태준이 지어준 이름)'이라 부르며 이태준, 정지용 등 당대의 문인들과 만나며 애지중지하던 집이었다.

—지금 회상하면 허망타 할까. 어이없다 할까, 한참 북새통을 치른 다음 소위 '해방'이라는 시기가 오자 나는 다시 새로운 감격과 희망을 가지고 서울로 올라왔다.

서울로 올라온 뒤로 한번은 노시산방의 새 주인 수화를 만났더니 그의 말이 '노시산방을 사만 원에 팔라는 작자가 생기고 보니' 나에게 대해 '대단히 미안한 생각이 난다'는 것이다.

그리고 그후로 수화는 가끔 나에게 돈을 쓰라고 집어 주고 그가 사랑하는 좋은 골동품도 갖다 주고 한 것이다. (…)

이 각박한 세상에도 역시 그와 같은 사람은 있구나. 모든 것을 다 잃어버린 오늘에도 가장 큰 보물을 얻은 것처럼 마음이 든든함을 느낀다.

인생이란 세상에 태어날 때 털올 하나 가지고 온 것이 없다. 우리가 세상을 떠날 때도 털올 하나 가지고 갈 수는 없다.

물욕物慾의 허망함이 이러하다.

많은 친구를 사귀어 보고 여러 가지 일을 같이 경영해 보았으나 의리나 우정이나 사교란 것이 어느 것 하나 이욕利慾의 앞에서 배신을 당해 보지 않은 것이 없다. (…)

노시산방이 지금쯤은 백만 원의 값이 갈는지도 모른다. 천만 원, 억만 원의 값이 될는지도 모른다.

그러나 지금 나에게 노시산방은 한 덩어리 환영에 불과하다.

노시산방이란 한 덩어리 환영을 인연삼아 까부라져 가는 예술심藝術心이 살아나고 거기에서 현대가 가질 수 없는 한 사람의 예술가를 얻었다는 것이 무엇보다 기쁜 일이다.

세속을 훌쩍 뛰어넘은 교감이다. 산 집값이 올랐다고 미안해하는 마음이나, 판 집의 집값이 많이 올랐지만, 그 집에 사는 사람이 훌륭한 예술가가 되어 기쁜 일이라고 생각하는 근원의 정다운 마음.

가슴이 뜨끔하다. 자격지심이 든다. 나는 언제 그런 가슴 따뜻한, 정다운 교감으로 스스로 마음의 든든함을 느껴 봤는가. 자신은 손해를 봤으면서도 남이 잘되는 것에 기뻐해 본 적이 있는가? 그런 마음을 가지지 않았으니 남에게 감동 주는 글을 쓰지 못하지 싶다.

세속世俗 때문일까. 감정도, 마음도 메말라 간다. 과문의 탓인지 모르지만, 요즘은 예와 같은 문예인의 정담을 들을 수 없다. 물자가 넘쳐나고 생활 여건이 훨씬 좋아졌는데도….

형편이 딱한 사람들을 더러 만나곤 하지만, 한 번도 예와 같이 가슴 따뜻한 배려나, 마음 씀씀이가 후하지 않았던 자신이다. 그래선지 김소운과 유치환, 김용준과 김환기 간의 탈속脫俗한 정의情誼가 부럽기만 하다.

아마도 그런 정다운 마음이 없기에 그들만큼 가슴에 와 닿는 좋은 작품을 낳지 못하는 건 아닌지.

*목근통신: 김소운의 서간 수필집. 작가가 일제강점기와 6·25전쟁을 경험하면서 일본에 대해 느낀 바를 진솔하게 쓴 명수필(名隨筆).

*김용준(1904~1967), 문(文)·사(史)·철(哲)을 겸비한 화가·미술평론가·수필가로서 한국 미술사에 크게 이바지하였을 뿐 아니라 한국 수필 문학에도 많은 영향을 끼쳤다. 격조 높은 언어 구사로 쓴 <근원수필> 외에 월북 직전 출간한 <조선미술대요> 등이 있다.

*김환기(1913~1974), 신사실파를 조직하여 모더니즘 운동을 전개하였다. 서울대 교수를 거쳐 홍익대 학장, 미술협회 이사장을 지냈다. 작품은 <어디서 무엇이 되어 다시 만나랴>, <론도>, <해와 달> 등의 명작이 있다.

개나리꽃 앞에서

봄볕 고운 아침, 여의도공원 산책길을 걷는다. 눈앞이 환하다. 윤기 도는 샛노란 꽃에 코를 가까이하자, 같이 걷던 J가 말한다.

"개나리는 꽃향기가 없어요."

"그래요!"

더 가까이 다가가 코를 실룩대보지만, 참말로 향기가 나지 않는다. '향'이라고 느낄 만한 '꽃 내음'이 없다. 팔도강산 사람이 다 모여 사는 서울의 시화市花라서 그럴까. '개(천한)+나리'의 개나리란 속된 제 이름 때문일까. 아니면 서둘러 피는 탓에 미쳐 향기를 만들지 못해서일까? 어쨌거나 서둘러 핀다. 잎도 피우기 전에, 봄꽃의 대표 진달래가 꽃잎을 열기도 전에 어깨동무하여 와르르 핀다. 새맑은 얼굴로 나비와 벌을 맞이한다. 다른 꽃보다 먼저 피고자 일찌감치 채비한다.

지난가을부터 꽃눈을 만든다. '지성이면 감천'이란 철칙을 일찍 터득한 개나리. 열매를 떨어뜨리자마자 꽃눈을 튼다. 긴 겨울 동안 이른 봄에 꽃피워야 한다는 일념으로 양분을 아껴가며 설한풍을 이겨낸다.

나뭇결에 눈얼음이 끼어도 촉각을 곤두세우고 바깥 기온을 읽는다. 따스한 날을 학수고대한다.

조금씩 꽃망울을 부풀리며 기온이 하루 이틀 포근해지면 한겨울에도 꽃잎을 여는 예민한 감각, 온도가 높아지기만 하면 기다렸다는 듯이 서둘러 꽃피우는 '선先 지향'은, 치밀한 사전 준비가 몸에 밴 그의 지극 정성은, 무슨 일이든 닥쳐야 꿈틀대는 나를 부끄럽게 한다.

조물주는 개나리의 부지런함을 익히 알고 향기를 주지 않았을 것이다. 대신, 눈에 잘 띄는 샛노란 색깔의 꽃을, 한꺼번에 무리 지어 피게 하는 유전자를 주었을 것이다. 경쟁이 없는 이른 봄에, 햇살 고운 삼월에 벌과 나비를 맞이할 수 있게 했을 것이다.

공평한 조물주다. 누구에게 더 주고 덜 주는 게 없다. 초목에도 공평한 처우를 해준다. 부지런히 일찍 꽃피우는 개나리엔 향기를 주지 않고, 오뉴월 느지막이, 왁자지껄 꽃피우는 장미·찔레·카네이션·백합 등엔 진한 향기를 줬으니.

개나리만이 아니다. 일찍 서두는 부지런한 조화早花는 거의 향기가 없다. 내음이 있다 해도 있는 둥 마는 둥 미미하다. 진달래가 그렇고, 목련·민들레·벚꽃이 그러하다. 그뿐만 아니다. 여러 색깔의 양란이나, 여느 꽃보다 붉고 풍성한 모란꽃엔 진한 향기 대신 화려한 꽃잎을 줬으니 오묘하고 신기한 조물주다. 뭇 생명에 골고루 살아갈 나름의 특성을 주었으니.

나는 어느 쪽 특성일까?

아마도 향기 없는 '개나리 쪽'에 가깝지 싶다. 아직 한 번도 '나의 향기'를 체감하지 못했으니! 또한, 남들로부터도 내가 품는 향의 얘기를 들어본 적이 없으니. 시답잖은 삶이다.

왜 향이 없을까? 변명일지 모르지만, 격랑의 풍파가 자주 일어났다. 일제강점기에 태어나 팔일오광복 · 육이오전쟁 · 산업화 · 민주화 · 정보화 · 인공지능화로 이어진 숨 가쁜 변혁기를 파도타기 하면서 타성이 된 냉정함으로, 마음 밭에 온기도 향기도 스며들지 못했다. 움츠린 겨울이었다. 거기에다 타고난 성격마저 무뚝뚝한 데다 무슨 맛으로 사느냐는 말을 주위 사람들한테서 듣곤 했다. 개나리처럼 상춘객이 우르르 모여드는 꽃 한 번 피워보지 못한 자신이 아니었나.

개나리께 배울 일이다. 향기가 없으니, 서둘러 피는, 부지런함이라도. 그래선지, 무리 진 개나리의 환한 얼굴, 요모조모를 스마트폰에 담는다. 꽃술을 간질이는 금빛 햇살도, 나풀거리는 나비도 담는다.

6부
그리움은 기다림이다

달포 동안 기다리며
마음 졸이던 그 날의
조마조마한 마음을
다시 한번 느껴봤으면….

꿀잠

때로는 자신에게 감사해야 할 때가 있다. 오늘이 그런 날이다.

이른 아침 농장에 들른다. 주목, 전나무 등 조경수 천여 그루를 키우는 시흥 밭. 잡풀을 한참 뽑으니 땀이 비 오듯 쏟는다. 가뭄에 지친 듯 고춧잎마저 시들시들하다. 오전 내내 풀과 씨름한다. 때가 돼 물왕저수지 둑 밑, '고향 쌈밥집'을 찾는다.

상추와 쑥갓에 돼지 목살과 밥을 얹어 쌈 싸 먹는다. 꿀맛이다. 땀 흘린 약효다. 밥 한 그릇과 구수한 숭늉까지 다 먹고 농막에 돌아온다. 선풍기 틀고 등의자에 앉아 조간신문을 펼친다. 긴 사설을 읽다가 그만 잠이 든다. 깨어보니 신문을 든 채 삼십여 분이 흘렀다.

기지개 켜며 일어선다. 상쾌한 기분이다. 축 처지던 몸도 가뿐하다. 피로도 싹 가고 무겁던 머리도 개운하다. 몸도 날아갈 듯 가볍다. 컴퓨터를 켠다. 쓰던 글을 펼친다. 며칠째 끙끙대며 막혔던 글도 실처럼 술술 풀려 뒷말이 이어진다. 신기하다.

어쩐 일일까. 낮잠 아니 꿀잠이 생기를 몰아온 거다. 청량제清凉劑를 수혈한 듯, 상상력을 불러오듯 전에 의식하지 못한 잠의 효과를 새삼 느낀다. 삼십여 분만에 새로운 나로 이렇게 바꿔놓는 요술은 무엇일까? 땀 흘리고, 쌈밥 먹고, 신문 본 게 이런 꿀잠을 불러오게 하였으니. 자주 그런 '꿀잠'을 즐겨야겠다.

자만은 금물이지만, 늘 불만스러운 내 안의 나에게 감사해야지. 청하지도 않았는데 스스로 생체리듬을 알아서 '꿀잠' 들게 한 게 그저 고맙다. 고마운 일이다.

산은 혼자 살지 않는다

더불어 산다. 누구나 다 품는다.

하고많은 식물·동물·사람도 …. 그러려고 튼튼한 체구를 가졌을까? 바위를 뼈처럼 몸속에 품었다. 몸 곳곳에 돌과 흙을 살결처럼 달았다. 동식물이 살기 편한 터전으로 뭇 식물이 뿌리를 내리고, 동물이 서식할 수 있는 푸근한 집이 산이었다.

여느 산이나 경사져 굴곡이 있으며 높고 낮음이 있다. 키 작은 이는 낮은 데로 높은 이는 높은 데로 뿌리를 내릴 수 있게 한, 거주인을 위한 '민주의 산'이다. 골고루 햇볕을 받아 식물이 광합성 작용을 하여 생장할 수 있게 한 배려가 아닐까.

서로 상생하는 산. 갖가지 식물이 잎과 꽃을 피워, 열매를 맺게 한다. 그 잎과 열매는 동물의 식량이 된다. 자급자족하게 하는 산. 동물은 그 은혜에 보답이라도 하듯 제 분뇨를 식물의 거름이 되게 한다.

산은 어머니 같다. 먹을거리를 늘 챙긴다. 물과 양분을 저장한다. 눈이나 비를 제 가슴에 품는다. 품어서 정수한다. 식물이 떨어뜨리는 잎과 껍질 등을 제 몸에 축적한다. '산 식구'가 필요할 땐 대가 없이 내어준다. 남아도는 물이나 눈은 다른 이가 사용할 수 있게 흘려보내는 아량을 베푼다.

자연에, 순환에 순응한다. 봄이면 이 골 저 골에 꽃이 피게 한다. 여름엔 햇볕을 듬뿍 받아 식물을 살지게 한다. 식물들은 잎을 피워 동물의 그늘이 되어 준다. 가을바람 불면 나무들이 단풍 들어 온산에 새 옷을 입힌다. 또한, 열매를 익혀 동물의 먹잇감을 대어준다.

산, 정겨운 산이다. 언제나 꾸밈없는, 있는 그대로의 얼굴로 맞이하는 산, 다툼없이 서로 배려하기 때문일까. 산을 찾는 사람들이 날로 늘어가고 있다. 누구나 맑은 공기를 마시게 하며, 남녀노소 차별 없이 평등하게 품어 주는 산에 머물고 싶어서일 것이다. 건강도 챙기고 푸근한 산의 정감도 본받으려는 마음일 것이다.

산은 동식물도 인간도 다 품는다. 키가 작은 이도 큰 이도, 아픈 이도 건강한 이도 다 받아들인다. 호랑이도 독사도 끌어안아 줄 뿐만 아니라, 생을 마친 사람의 시신까지 제 품에 잠들게 하는 산.

거룩한 산이다. 바위같이 듬직한 '민주의 산'이다. 가슴이 넓은 산, 누구나 다 품는다. 그런 산에 안기려고 오늘도 땀을 흘린다. 늘 뭇 생명과 시신까지 품어주는 고마운 산, 더불어 사는 산이다. 본받고 싶은 산이다.

외로운 수은행나무들

깊어가는 가을, 여의도 육삼로에 강바람이 분다. 노랗게 물든 은행나뭇가지가 흔들린다. 주르르 잎이 떨어진다. 눈물인 듯 안타깝다.

단풍든 잎을 떨구는 섭섭함이 아니다. 정든 임이 떠난 외로움 때문이다. 누군가 암나무를 다 베어버린 길가에 수나무만 댕그라니 서 있다. 날벼락이다. 생이별당한 수은행나무들, 갑작스레 짝을 잃었으니 얼마나 가슴 아릴까.

'악취'가 죄목이다. 참수형 받은 암나무가 어디론가 가고 없다. '빌로볼*'이란 열매껍질의 점액에서 나는 고약한 냄새. 그 악취는 어미나무의 지극한 모성애다. 은행알이 손타지 않게 궁리에 궁리를 거듭하여 만든 역겨운 '냄새 약'이 아닐는지.

이른 봄부터 잎 피우고 꽃피워, 애지중지 키워온 열매가 대 이을 싹트기를 바라며, 바라며 땅에 떨어뜨린 결실. 외피의 악취로 가는 길 내내 무사하길 염원했건만, 참수형의 '죄 씨앗'이 된 아이러니. 가였다.

만물의 영장인 사람들이 감기나 천식 같은 호흡기 질환에, 혈액순환에 좋다고 주워가는가 하면, 쥐·고양이·새 등 동물이 달려와 물어가니 어미나무가 지혜를 짜 만든 점액이 악취다. 사람이나 짐승이 열매 가까이 오지 못하게 하고자 종자 든 껍질에 빌로볼 성분을 만든 거다.

어찌 보면 인간보다 자식애子息愛나 후손애後孫愛가 더 깊은 은행나무가 아닐까?

그 점액 때문에 처형당한 어미나무다. 어미의 '자식 사랑'이 죄인지, 인간의 편의적인 오판으로 빚은 희생인지 나는 잘 모르겠다. 나무도 인간처럼 암수가 같이 사는 게 천륜이거늘, 어쩌자고 암나무 목을 자르고 수나무만 줄 세워 놓는지. 열매 없는, 자식 없는 생명이 무슨 낙으로 살아갈까. 이 흠진 세상을.

또 강바람이 불어온다. 수은행나무잎이 우르르 휘날린다. 낙엽이 내 뺨을 스치면서 슬쩍 묻는 듯하다. '자식 사랑도 죄인가요?'라고.

*빌로볼(Bilobol): 은행나무 열매의 껍질에 악취가 나는 점액질 성분

긴 여행, 긴 보람

‘뎅그렁’

호주머니에서 휴지 따라 나온 동전 소리다. 방바닥에 두어 차례 빙빙 돌다가 드러눕는다. 무심결에 집어 본다. ‘100원’짜리, 1984년생이다.

33년간의 여행지가 궁금하다. 은행에서 나와 사람의 손과 손으로, 주머니에서 주머니로 떠돌아다녔을 동전. 소녀 손에 쥐어 학교 앞 문방구로, 문방구에서 남대문 손수레 옷가게로, 부산 바닷가 남포동 어물전으로, 시골 엿장수 엿판으로, 멍석 위 윷판으로, 동전 치기 놀이터로, 바다 건너 외딴 선술집 계산대로, 때로는 깊숙한 할머니 속옷 꽃주머니로….

지나온 여로처럼 본의 아니게 수많은 데를 주인 따라 다녔으니 쇠인들 온전하겠는가. 돌부리에 부딪히고, 햇볕에 그을리고, 끼리끼리 마주쳐 긁히고, 여느 마을 돈치기 판에서 흙에 내동댕이쳐지기도 하였으니 몸에 난 흠은 당연하다. 이생진 시인이 “벌레 먹은 나뭇잎이 별처럼 아름답다"라고 했던가. 상처 난 만큼 누군가에게 요긴하게 쓰였을 테니, 어쩌면 족적의 기록, 아니 '보람'일지 모른다.

그래선지 얼굴에 노티가 난다. 거무스레하게 때 묻고, 테두리 안에 쳐진 오톨도톨한 점선도 부분적으로 뭉개지고, 둘레 윤곽도 들쑥날쑥하다. 값어치를 나타내는 '100'이란 숫자도 짓눌리고 깎여서 높낮음이 다르다. 험로를, 긴장의 파고를 넘고 넘은 '긴 여행'의 행적行跡이지 싶다.

흡사 내 모습 같다. 나이 먹은 쭈글쭈글한 얼굴, 여러 번 강산이 변한 세월의 갖은 풍상을 겪은 흔적이다. 일제강점기에 태어나 해방의 소용돌이, 보릿고개의 굶주림, 민주화의 거센 물결, 산업화의 험준한 고개 고개를 넘었으니, 어디 성한 데가 있겠는가. 새 동전처럼 뽀얗던 얼굴도 거무튀튀하다. 귀밑에 검버섯이 돋아나고, 이마에 주름이 줄줄이 파여 있다.

왜 안 그랬겠는가. 동전이 탄생한 도시보다 생활 환경이 취약한 농촌—경북 영천의 끝자락에서 태어났다. 초등학교 시절 시오리 길을, 중학교 다닐 때 사십 리 길을, 먼지 펄펄 날리던 그 자갈길을 통학하였으니.

6·25전쟁은 나를 부산으로 피난 가게 했다. 바닷바람 휘몰아치던 부산 영도 부둣가 피난 학교에 입학하였다. 가교사假校舍 교실은 땅바닥에 책상을 들여놓은 상태였다. 낮에는 교실, 밤에는 침실이 되었던 기숙사였으며 식사도 허술했다. 입으로 훅 불면 날아갈 것 같았던 안남미 밥에 생멸치 몇 마리 넣고 끓인 국 한 그릇으로 허기를 달랬다.

교실에서 공부하는 날보다 이마에 수건 두르고 광복동 대로를 질주하는 '휴전 반대' 데모에 동원되는 날이 더 많았다. 그랬던 '반대 반대~' 함성에도 불구하고 1953년 7월 27일 판문점에서 휴전협정이 체결됐다. 그해 9월 부산역 수복 열차의 기적 소리는 우렁찼다.

뜨겁게 뿜어내던 증기가 전쟁의 여한이듯 하늘 높이 솟았다. 기차간 손잡이에 매달리다시피 하여 열 시간여를 버텼다. 한강철교를 달리는 "철커덕 철커덕" 하는 기차 바퀴 소리가 반가웠다. 낯선 서울역에 닿은 열차의 기적 소리도 승리의 나팔 소리로 들렸다.

보이는 건물 벽마다 포탄 구멍이 군데군데 뚫렸고, 파괴된 건물 잔해가 길에 널브러진 학교에서 공부했다. 고난의 나날이었다. 길목엔 꿀꿀이죽이 끓고 있었다. 학교를 졸업하고 체신부 공무원 생활을 하였다. 때가 돼 영장을 받았다. 군에서 제대하고 들어간 직장 생활도 만만치 않았다.

정부에서 새로 설립한 대한무역진흥공사KOTRA였다. 경제개발 5개년 계획에 따라 너나없이 목표 달성에 매달렸다. 증산 · 수출 · 건설이 국정지표였다. '국력의 총화'란 수출을 늘리고자 외국에 파견됐다. 해마다 담당 지역과 국가에 대한 '수출 목표'가 할당됐다.

그 목표를 달성하고자 쫓기듯 휴일 없는 나날이었다. 부여받은 목표를 달성하지 못하면 본국으로 소환 명이 떨어져, 가족과 같이 귀국하는 아픔을 겪어야 했다. 본국으로부터 '수출만이 살길이다'라며 독촉과 독려가 끊이지 않았다.

파견한 지역에서 '수출 길'을 트면 또 다른 곳으로 옮겨 가는 유랑 생활. 사람들은 "수출 일선 첨병"이라고 불렀다. 일본 나고야·후쿠오카로, 미국 로스앤젤레스·뉴올리언스로, 브라질 상파울루로, 지구의 최서단 세네갈 다카르로 전전하면서 시장을 개척해야 했다.

나 자신이야 '가난한 나라에 태어난 운명'으로 여겼지만, 학생이었던 세 아이는 어리둥절하였다. 일어를 익힐 만하면 영어를, 영어를 구사할 때쯤이면 또 포르투갈어를 공부해야 했으니 "갈피를 잡을 수 없어요"라고 하소연했다.

길 설고 말도 서툰 외국에서 낮에는 가발·양말·신발 등의 샘플을 손에 들고 구매자(바이어)를 찾아다녔다. 수입상 디렉터리에 오른 업체를 다 노크했다. 밤이면 학원에 나가 현지어를 익혔다. 퇴근 후 집에서도 시장조사보고서를 작성해야 하는 시간에 쫓기는 나날이었다. 휴대하고 다니던 한글 타자기도 밤 이슥토록 함께 일했다. 주근야독晝勤夜讀의 외국 생활이었으니, 밤낮으로 힘겨운 짐을 지고 고산준령高山峻嶺을 넘는 '긴 여행'이었다. 100원짜리 동전처럼.

고생과 어려움은 많았지만, 직장(KOTRA)에 들어간 1964년에 1억 달러였던 수출이 2015년엔 5,268억 달러에 달해 세계 6위의 수출국으로 부상했다. 나나, 수출 일선에서 뛴 첨병들만의 노력이 아닌, 생산공장 노동자 경영자 유관인사 모두가 합심하여 이룬 값진 결과였다. 1960~70년대 연평균 30%가 넘는, 실적판 붉은 화살표가 쭉쭉 올라가던 수출의 성취감은 고난을 상쇄하고도 남는 큰 보람이었다.

어떤 일을 하며 살까? 그 답은 많겠지만, 나는 '수출 일선 첨병'이란 그 멍에가 잊히지 않는다. 손에 쥔 동전을 다시 어루만진다. '걸어온 발자취만큼이나 아픔이 따랐겠지만, 아직도 여러 주인에게 쓰임새가 많아 보람도 느끼지 않겠는가'라며.

옥산서원을 찾으며

고향에 들르면 찾는 서원이 있다.

옥산서원玉山書院*, 내가 태어난 마을에서 재(시티재) 하나 넘으면 바라보이는 자옥산紫玉山(570m) 기슭에 있다. 거리가 가깝기 때문이었는지 초등학교 시절 여러 번 소풍을 간 곳이다. 그때마다 오래된 귀한 책과 이름만 듣던 유명인의 글씨도 볼 수 있었다. 나는 언제 저렇게 많은 책을 다 읽을 수 있을까. 저토록 주위를 압도하는 힘찬 글씨를 쓸 수 있을까? 자극을 받곤 하였다.

그래선지 초등학교를 졸업하자 영천永川에서 부산으로, 부산에서 서울로 전전하면서 나름대로 열심히 공부하지 않았나 싶다. 그랬건만 무엇 하나 내세울 만한 게 없으니, 이 서원의 주인공인 회재晦齋 이언적李彦迪(1491~1553)이 더욱 존경스럽다.

그는 이 서원에서 8km 정도 떨어진 안강安康의 선비 마을 양동陽洞에서 태어났다. 24세 때 문과에 급제하였다. 사림파士林派 시험관 김안국金安國은 이언적의 답안지를 보고 '임금을 도울 재목'이라며 감탄하였다고 한다. 때문인지 그의 벼슬길은 순탄하였다. 이조정랑吏曹正郞, 사헌부장령司憲府掌令, 밀양부사密陽府使를 거쳐 1530년(중종 25년)에 사간司諫이 되었다.

직위가 올라갈수록 흔들리기 마련인가. 1532년 중종 임금의 사돈 김안로金安老의 등용을 반대하다가 관직에서 물러나 낙향하였다. 어린 나이(10세)에 아버지를 여읜 때문인지 그는 태어난 양동마을로 돌아가지 않았다. 이곳 자옥산 자락 외딴곳에 독락당獨樂堂(보물 제413호)을 지었다. 예부터 '홀로 즐김은 같이 즐기는 것만 못하다.'라고 했지만, 이언적은 홀로 즐긴다는 당호를 달았다. 조정에서 물러난 그의 우울한 심사가 엿보인다.

독락당 앞면엔 시원스러운 냇물이 흐른다. 그 냇가 울퉁불퉁한 자연석 위에 기둥을 세우고, 툇마루를 계천 쪽으로 내어놓은 구조였다. 영남嶺南 정자의 전형이었다. 그 독락당의 별당인 계정溪亭 주위엔 키 큰 느티나무·은행나무·이팝나무·쥐엄나무(천연기념물 제115호)가 우거져 있다.

이언적은 이 계정에서 산과 나무와 자계천紫溪川에 흐르는 물을 벗삼아 후학을 가르치며, 성리학性理學 연구에 전념하였다. 글을 쓰다가 무료해지면 누각에 올라 계곡의 물소리를 들으며 머리를 식혔다. 그는 이곳의 자연경관을 소재로 많은 시詩를 지었다. 그의 대표적인 시, <임거십오영林居十五詠*> 중 '계정溪亭'이란 시에서 당시 그의 마음을 읽을 수 있다.

숲 가에서 울어 대는 유조 소리 즐거이 듣는데 (喜聞幽鳥傍林啼)
새로 지은 띳집 처마 작은 시내에 걸쳐 있네. (新構茅簷壓小溪)
홀로 술잔 기울이며 밝은 달 짝으로 맞이하고 (獨酌只邀明月伴)
한 칸의 집에서 흰 구름과 함께 머무르네. (一間聊共白雲棲)

그런 생활 6년 만에 조정의 부름을 받는다. 1537년 김안로 일당이 몰락한 뒤 그는 홍문관교리弘文館校理에 이어 직제학直提學이 되었다. 그 후 전주 부윤府尹으로 나가 선정을 베풀며 조정에 <일강십목소一綱十目疏*>를 올려 정치의 도리를 깨우쳤다. 그런 덕이었는지 1540년에 이조·예조·병조판서를 거쳐 1545년에 백관을 통솔하는 좌찬성左贊成이 되었다. 그러나 그 직에서 오래가지 못했다.

그 이듬해 윤원형尹元衡 등의 척신戚臣 세력이 사림을 축출하기 위한 을사사화乙巳士禍를 일으켰다. 그때 이언적은 죄인을 심문하는 추관秋官이었으나 자신도 그 사슬에 묶였다. 1547년 윤원형 일당이 조작한 양재역벽서良才驛壁書 사건에 무고하게 연루되어 평안도의 첩첩산중 강계江界에 유배되었다.

그러고는 끝내 돌아오지 못한 채 63세의 나이로 유배지에서 생을 마쳤다. 눈과 얼음으로 뒤덮인 북변北邊의 살을 에는 추위와 슬픔 속에 그의 시신은 서자이지만 유일한 친자인 이전인李全仁이 운구하였다. 강계에서 장지인 포항시 영일迎日까지 석 달에 걸쳐 운구하던 굵은 대나무 장대가 옥산서원에 보관돼 있다. 엄동설한에 발이 푹푹 빠지는 눈길의 고개와 산을 넘으며 '어이 어이, 어허허~' 하던 상주의 곡소리가 지금도 들여오는 듯하다.

그의 생애는 관직에 있던 기간 외에는 은거와 유배였다. 김안로의 등용을 반대하다가 낙향해 독락당에서 지내던 6년과 강계로 유배된 7년간의 세월은 고독한 삶이었다. 사화士禍의 소용돌이 속에서 외로움을 곱씹으며 학문의 깊이를 더한 귀한 시간이기도 하였다. 다른 선비들처럼 유배가 작품을 낳았다. 김정희가 세한도歲寒圖를, 윤선도가 어부사시사漁父四時詞를, 정약용이 목민심서牧民心書를 유배지에서 창작했듯이 이언적도 그랬다. 값진 자필의 저작물을 남겼다. 당시의 그 선비들보다 자유로운 활동을 하는 나는 지금 어떤 일을 하고 있나?

회재는 옥산과 강계에 머무는 동안 평생 닦아온 학문을 자필로 써서 책으로 묶었다. 그의 큰 업적이다. <대학大學>과 <중용中庸>을 '수기치인修己治人'의 이론으로 체계화한 <대학장구보유大學章句補遺*>·<속대학혹문續大學或問*>·<중용구경연의中庸九經衍義*>·<진수팔규進修八規*>·<봉선잡의奉先雜儀*>의 문집과 조정에서 보내온 책 등 만여 권이 보물로 지정돼 독락당과 옥산서원에 소장하고 있다. 그런 가치를 인정받아 2010년 한옥 양동마을과 더불어 유네스코 세계문화유산으로 등록됐다.

또한, 1392년 조선 왕조의 건국 이래 국가 사회의 지도이념이었던 주자학朱子學을 한국적 철학으로 독자성을 갖는 이론적 심화를 이룬, 그 주역이 이언적이었다. 동방오현東方五賢의 한 사람이며 16세기 사림파의 대표적인 인물로 지치주의至治主義의 이론적 체계를 확립한 최초의 학자였다.

돌아가신 지 19년, 1572년(선조 2년)에 이언적의 덕행과 학문을 추모하고자 당시 경주 부윤이었던 이재민李齋民과 영남학파의 선비들이 독락당 아래에 옥산서원을 세웠다. 조선 후기까지 영남 사림의 중심 역할을 했던 곳이다. 3,500평의 대지에 회재의 위패를 봉안한 체인묘體仁廟, 학문 토론장인 구인당求仁堂, 유생들의 휴식장인 무변루無邊樓, 임금이 하사한 서책을 보관하는 어서각御書閣 등의 유적이 남았다.

이 옥산서원은 대원군의 서원 철폐령이 내렸을 때에도 헐리지 않은 47개 서원 중 하나였으며, 우리나라 5대 서원 가운데 하나로 꼽히는 사액賜額 서원이다. 곳곳에 당대 명필의 글씨가 보인다. '玉山書院' 현판은 추사 김정희, 유생들의 강당인 '求仁堂'과 휴식장인 '無邊樓'는 한호韓濩 한석봉韓石峰, 자계천의 너럭바위 '洗心臺'는 퇴계 이황李滉의 글씨다.

이렇듯 유학자의 관심이 쏠렸던 데는 회재의 <구인록求仁錄>도 한몫을 했다. '마음의 덕과 지식의 근본을 구한다.'라는 의미의 <구인록>은 유교경전의 핵심개념으로 인仁에 대한 그의 이론을 4권의 책에 집약하였다. 이 책에서 그는 유교의 여러 경전과 송대宋代 도학자들의 설을 살피면서 '인'의 본체와 실현 방법에 대한 유학儒學의 근본정신을 탐구하였다. 이와 같은 그의 학문은 이황에 의해 집대성되어 영남학嶺南學을 이루는 근거가 되었다. 유학적 수양론과 실천은 군자의 길을 닦는 것이라고 강조하여, 조선 성리학의 우뚝 솟은 봉우리였다. 이러한 공적이 추인되어 그는 선조 때 영의정에 추증되었다.

이처럼 이언적은 은거와 유배 생활을 하면서 학문의 큰 업적을 남겼다. 내가 감히 바라볼 수 있는 영역과는 거리가 멀지만, 짧지 않은 50여 년의 객지 생활에서 나는 무엇을 하였는가. 부끄럽다. 고독하지 않고, 한 가지 일에 전념하지 않으면서 되는 일이 있었던가. '고독한 시간'을 가지지 아니하고, 그저 세파에 밀리며 남의 물결에 편승한 삶이었다. 자의적인 건 아니었지만, 회재의 독락당과 강계에서의 고독이 낳은 학문의 열매는 우리의 삶, 아니 내 삶의 교훈이 된다. 그런데도 그 고독한 길로 용기를 내지 않은 것은 편한 생활에 안주하려는 마음일 것이다. 때문에 오늘도 일말의 기대를 하면서 옥산서원을 찾는다.

*옥산서원(玉山書院): 경북 경주시 안강읍 옥산리에 있는 서원. 조선 중기의 성리학자 이언적을 제향 하는 곳으로, 선조 5년(1572)에 부윤(府尹) 이재민(李齋民)이 세워 이듬해에 사액 되었다. 사적 제154호.

*일강십목소(一綱十目疏): 임금의 마음을 바루고, 집안의 다스림을 엄하게 하고, 세자를 교양하고, 조정을 바루고, 사람을 쓰고 버리는 것을 삼가고, 언로를 연다는 것을 서술한 상소.

*대학장구보유(大學章句補遺): 조선 전기의 문신·학자 이언적이 송나라의 주희(朱熹)가 지은 「대학장구(大學章句」에 미비하다고 생각하는 부분을 보충한 경학(經學) 연구서이다.

*속대학혹문(續大學或問): 송나라 주희의 「대학혹문(大學或問)」체재에 따라 「대학강구」와 차서(次序) 및 해석을 다르게 한 이유를 6개조의 문답식으로 밝혀준 「대학」 연구서이다.

*중용구경연의(中庸九經衍義): 조선 전기의 학자 이언적이 「중용(中庸)」제20장의 '구경'에 대하여 주석한 책. 임금에게 올린 글이며 총 29권 10책이다.

*진수팔규(進修八規): 국왕으로 하여금 학문에 힘쓰게 하려고 8개 항의 수학요의(修學要義)를 진언한 글.

*봉선잡의(奉先雜儀): 제례(祭禮)에 관한 의식과 그 철학적 이론을 한 권으로 묶은 조선 예학(禮學)의 선구적인 책이다.

국수와 우동

국수를 즐긴다. 그래선지 외국에 와서도 국수를 찾는다.

"번화가인 도쿄의 긴자銀座에 맛집이 있습니다. 국수는 일본의 우동입니다."라는 막내딸 따라 전차에 오른다. 인파로 북적이는 큰길가에 문패 같은 간판이 보인다. 그 집 선대 창업자의 이름인 "사토 요스케佐藤養助"가 상호다. 안내서에 '삼백여 년의 시간을 포갠 손으로 빚은 예술품'이라고 적어 놓았다. 실명을 상호로 내걸었으니 대대로 맛을 지키고자 정성을 다했을 거다.

식탁에 앉으며 메뉴를 본다. 국수를 닮은 '가케우동'을 주문한다. '요스케' 마크가 새겨진 하얀 도자기 대접이 나온다. 굵은 면발이 맑은 국물을 머금은 채 가지런히 담겨 있다. 조리할 때 셰프가 바로 뽑아선지 면발이 쫄깃쫄깃하다. 국물은 부드러운 감칠맛에 다시마 버섯 채소 등의 풍미가 더해진 절묘한 맛이다.

맛이 맛을 부른다. 어머니의 칼국수 맛. 어릴 적 어머니가 자주 끓여주시던, 손 많이 가는 여름철 별식이다. 길쭉한 도마에 밀가루 반죽을 밀고 밀어 얇게 한 후에 칼로 듬성듬성 썰어, 끓는 멸칫국물에 넣으신다. 그런 다음 채 썬 파, 애호박과 마늘 고춧가루 다진 양념을 얹어 휘휘 저으며 조리한 어머니의 그 손맛. 온 가족이 멍석에 둘러앉아 후루룩 먹던 구수한 그 국수가 그립다.

기차를 타면 가락국수가 떠오른다. 고향 영천永川을 떠나 서울에서 공부할 때, 방학이 되면 으레 고향 가는 완행열차를 탄다. 한창 때라서 그랬는지 삼시 세끼를 먹고도 배고픔을 느낀다. 면발이 굵고 긴 그 국수를 그린다. 대전역에 닿는 안내 방송이 나올 때면 출입문에 서 있다가 열차 바퀴가 멈추면 우르르 달려가 먹던 가락국수. 선 채로 뜨끈한 국물을 훌훌 마시며 즐기던 그 가락국수도 잊을 수 없는 추억의 아릿한 맛이다.

그뿐인가. 안강安康 장날이면 아버지를 따라 시장에 들른다. 장터국수를 먹고 싶어서다. 시장 입구 가마솥에 펄펄 끓던 멸칫국물 냄새가 발길을 당긴다. 머리에 흰 수건 두른 할머니가 조리에 담긴 면발을 국물에 두어 번 담가 가며 조리해주던 그 장터국수도 입맛을 다시게 한다. 토종의 햇밀과 고향의 샘물로 빚은 국수라서 그럴까. 때때로 그 장터국수 생각이 난다.

노래도 춤도, 우리의 비빔밥도 한류를 타는데, 국수는 어쩐 일일까? 도쿄에서 찾기 어려운 음식이다. 하지만 서울의 번화가엔 일본의 '우동집'이 즐비하다. 우리의 '국숫집'보다 훨씬 많다. '안에서 대접받지 못하면 밖에서도 호응받기 어렵다'는 옛말이 가슴에 와닿는다. '안동

국시' 같이 유명한 맛집도 있지만, 더러는 좁은 김밥집에서 국수를 곁들이는 경향도 있다. 대부분의 우동집처럼 식당 분위기를 미화하고 맛도 다양화해야 할 우리 모두의 과제다.

질의 향상과 더불어 가격도 적정화해야 할 시점時點이다. 국수 가격이 우동보다 훨씬 싸다. 이 집 '사토 요스케' 우동 가격 1,000엔(약 1만 원)의 절반가에도 못 미치는 우리 국수의 위상이 내 가슴을 두드린다. 외국 진출 면에서도 우동이 앞서고 있다. 이 식당도 서울과 인천에 협력 점포를 가지고 있을 뿐만 아니라 대만, 홍콩, 싱가포르 등지에도 진출하고 있다.

우리나라에서 성업하고 있는 일본의 유명 체인점은 마루가메우동丸龜製麵, 츠루마루우동鶴丸製麵, 사누기우동讃岐饂飩 등이 있으며 마루가메우동은 홍대점·신촌점·명동점·강남점 등 12개 식당을 운영하고 있다.

이처럼 일본의 우동 체인점이 한국을 비롯한 세계 각지로 뻗어가고 있다. 이런 번영엔 여러 가지 이유가 있겠지만, 그들이 대를 이어 맛을 내고 다양한 부자재와 고명을 개발하는 끈기가 명성을 이어가고 있다. 고기·채소·어묵·새우 같은 부재료를 활용하여 현지인의 입맛에 맞춰가는 열성이 돋보인다. 또한, 일본인이 전통 음식을 귀하게 여기는 애착심이 강한 것도 한몫한다. 우동 가락마다 그들의 사랑과 정성이 배어 있다.

일본만의 음식, '우동饂飩, udon'이라고 홍보한다. 세계적인 음식으로 명성을 얻고 있는 데는 그들의 일관된 호칭에도 연유가 있다. 영어로도 그들은 'udon'이라고 쓰는 데 반하여 우리는 '국수'를 영어인 'noodle'로 표기(관세청 무역통계 등)한다. 된장도 우리는 'soybean paste', 그들은 'miso(味噌)'로 부른다.

국수도 한국의 고유한 전통 음식이다. 면발이 넓거나(칼국수), 가는 모양(잔치국수)이다. 국물도 멸치를 우린 구수한 맛이다. 그런 특징을 가진 우리만의 국수이기에 영어로는 'kuksoo'로 표기했으면 싶다. 그리하여 언제일지 모르지만, 도쿄의 긴자에서도 우리의 국수를 먹을 수 있었으면, 그런 날이 빨리 왔으면….

역사는 말한다. '국수는 우리의 소중한 음식'이라고. 예부터 돌잔치·생일·회갑연 등의 수연례壽宴禮를 비롯한 관례冠禮·혼례婚禮 등의 축하연에 빠지지 않은 잔치국수였다. 잔칫날 이웃과 함께 나눠 먹음으로써 같이 기뻐하고 경사스러움을 더불어 누리는 서민의 의례 음식으로, 특별한 날에 먹는 별식으로 전해 왔다.

가늘고 긴 면발은 장수를 상징하는 '수복壽福' 뿐만 아니라 '결연結緣'이 길어지길 바라는 '백년해로'의 뜻을 담았다. 그런 조상 전래의 국수이기에 그의 위상을 지켜가야 할 책무가 우리에게 있다. '좀 더 국수를 사랑해야 하지 않겠는가?'

국수가 오랜 전통을 가진 우리의 고유한 의례 음식임을 대내외에 홍보하는 게 급선무다. 그런 한편 대내적으로 우동보다 국수를 즐겨 먹을 수 있도록 맛과 질을 높여가야 할 것이다. 또한, 세계인의 입맛에 맞게 부자재와 고명을 개발하여 '국수 영토'를 범세계적으로 넓혀갔으면 좋겠다.

일본 우동의 명성 때문인지 오늘따라 국수 생각이 간절하다. 멸칫국물에 양념 얹은 어머니의 그 칼국수, 서서 마시던 대전역의 뜨끈한 그 가락국수, 펄펄 끓던 안강의 장터국수가 그리움을 자아낸다. 후루룩 훌훌 넘기던 그 국숫발의 부드러움과 구수한 국물맛이 오래오래 전승되었으면 한다. '사토 요스케'의 우동맛처럼.

까마귀 소리, 까치 소리

'까악~까악~'

까마귀 소리가 새벽잠을 깨운다. 도쿄 딸 집에서 그 울음을 들으니 서울 여의도공원의 까치 소리가 귓전을 스친다. '깍깍, 깍까까~' 아침마다 산책할 때 만나면, 오늘은 좋은 일이 있을 것 같은 예감이 들어 그저 반갑던 까치들.

서울엔 까치가 더러 있지만, 까마귀는 거의 볼 수 없다. 이곳 도쿄는 다르다. 까치는 보이지 않지만, 까마귀가 많다. 오늘 새벽에만 까마귀 울음을 들은 게 아니다. 어제도 그제도 들었으며 외출할 때 직접 보기도 했다. 전주에 앉아 있기도 하고, 가까운 언덕 위에 있는 사이고야마西鄕山공원 고목에도 새까맣게 앉아 있었다.

일본은 우리와 달리 까마귀를 길조吉兆로 여긴다. 뭇 벌레를 잡아먹기 때문이다. '안갚음'하는 효조孝鳥로 불리기도 한다. 힘이 부치는 늙은 어미에게 먹이를 물어다 주는 반포조反哺鳥로 효심이 지극하다. 먹잇감이 있으면 이웃 까마귀와 함께 다니는 '곁 사랑'이 있다. 내 마음의 앨범에도 까마귀가 있다. 추수 끝난 고향 논에 훨훨 날아들어 낟알 쪼던 정겨운 텃새였다.

그랬던 까마귀가 이곳 도쿄에서 문제가 됐다. 개체 수가 많아졌기 때문이었다. 1985년부터 시골에 살던 까마귀가 도시로 몰려왔다. 쓰레기 분리수거가 원인이었다. 집 앞에 내어놓은 반투명 비닐봉지에 든, 먹잇감을 보고 떼 지어 날아들었다. 저희끼리 신호를 했는지, 시골 숲 속에서 도쿄까지 먹이를 찾아왔다. 2001년 3만6400마리에 달했다고 한다. 많은 까마귀가 음식물 쓰레기를 헤집었다. 거리가 지저분해졌다. 군것질하는 애들에게 날아들어 놀라게 할 뿐만 아니라, 전선을 물어뜯어 정전시키는 등 횡포가 심했다. 주민의 불평 신고가 빗발치자, 도쿄도都는 쓰레기를 가리는 대책을 세웠다.

쓰레기 더미에 그물망을 치거나 비닐로 덮는 등의 가림막을 설치했지만, 영악한 까마귀 녀석들은 그물망을 물어뜯고, 비닐을 쪼아 쓰레기를 거리에 해쳐놓았다. 주민 신고를 감당할 수 없었던 당국에선 소탕 작전에 들어갔다. 덫을 사용한 포살捕殺로 그간 도쿄에서만 까마귀 6만여 마리가 죽어 나갔다고 한다.

그런 비상 대책으로 3만여 마리였던 까마귀는 현재 절반 이상 줄었다. 가림막뿐만 아니라 '까치 박사'의 공이 컸다. 우쓰노미야宇都宮대학 스기타 쇼에이杉田昭榮 교수의 지혜가 톡톡히 한몫했다고 한다. 까마귀는 먹이를 냄새가 아닌, 눈으로 찾는 데에 착안했다.

노란색이 까마귀의 시력을 방해한다는 발견을 응용해, 반투명 노란 쓰레기 봉지를 보급한 성과였다. 또한, 요즘 도쿄 재개발 지역 쓰레기는 아예 지상에 노출하지 않고, 공기 압축을 이용한 지하 연결로를 통해 소각장으로 바로 보낸다. 이래저래 먹이가 줄어든 까마귀는 새로운 먹이터를 찾아 훨훨 날아간다. 곡식 낟알이라도 줍고자 농촌으로 간다는 주민들의 얘기다.

인간의 지혜가 쓰레기 속에서 먹이 찾는 불쌍한 까마귀를 쫓고 있다. 떠나온 제 터전으로 돌아갈 날이 다가온다. 문명은 새들의 영토를 좁혀가고 있다. 우리나라도 쓰레기의 분리수거로 대부분의 까치 먹이가 플라스틱 통 안으로 들어간다. 까치가 길가나 풀밭으로 먹이를 찾아다니지만, 제초제, 살충제 냄새 때문에 허기진 날갯짓만 한다. 먹이가 없어선지 날로 그 개체 수가 줄고 있는 현실이다.

일본의 예에서처럼 머지않아 서울 여의도공원의 까치도 옛터전을 찾아갈 것이다. 공원이나 어린이 놀이터에서 지나가는 사람들이 던져주는 과자 부스러기로 겨우 연명하고 있지만, 그마저도 담당 지자체에서 '동물에게 먹이를 주지 맙시다'란 팻말을 세운다.

길조吉兆였던 까치. 원앙 부부처럼 암수가 함께 날아와 공원에서 먹이 줍던 정겨운 까치. 그 옛날 고향에서 '까치가 울면 복이 온다'고 해서 기뻐했으며, 반가운 손님이나 기쁜 소식을 온종일 기다리던 생각이 난다. 어머니는 대추를 수확할 때도, 홍시를 딸 때도 몇 개의 까치밥을 우듬지에 남겨두었다. 어머니의 까치 사랑을, 따듯했던 그 마음을 다시 느낀다.

까치를 사랑하는, 좋아하는 마음은 그뿐만이 아니다. 우리나라 곳곳이 희망의 새로 경쟁하듯 까치를 제 '지역의 새'로 정했다. 서울특별시를 비롯하여 전국 37개 시·도·군의 새[鳥]로 지정해 복이 올 것으로 기대하고 있다.

그처럼 사랑받는 희망의 까치, 먹이가 없어 전전한다. 해마다 서울의 까치도 개체 수가 줄고 있는 이유다. 굶으면 길조도 흉조凶兆가 된다. 제주에서 그러하다. 몇 년 전부터 민원이 많았다. 까치가 생태계를 파괴할 뿐만 아니라, 농작물을 쪼아 먹어 피해가 심하다는 주민의 신고가 이어지자, 구청마다 까치 재앙 대책을 마련해 시행하고 있다.

까치는 까마귀 과科의 텃새다. 두 새를 같이 묶어서 '까막까치'라 부른다. 같은 '과'에 같은 운명일까? 예견하건대 머지않아 두 새가 내 곁에서 멀어져 갈 날이 다가온다. 향방부지向方不知이지만, 텃새라는 운명의 테두리를 벗어나지 않으려고 애쓸 것이다.

모르긴 해도, 내 어릴 적 봤던 시골 시궁창이나 논두렁으로 돌아가지 않을까 싶다. 거기도 옛날과 다르다. 독한 약 냄새가 물씬 풍길텐데, 뭘 먹고 살아갈지…. 동물의 먹이는 줄고 인간의 먹거리는 넘쳐난다. 지난날 어머니의 '까치밥 사랑'이 아쉬운 요즘이다.

드러나는 것은 각박한 삶, 냉랭해져 가는 인간의 마음. 까마귀나 까치처럼 이웃을 보듬지 않는 우리가, 내가 마치 동물에 '갑甲질'하며 살아가는 듯하다. 텃새를 홀대하는 우리네 인심, 앞으로 그들의 향방이 궁금해진다. 도시에서도 쫓겨나고 농촌에서도 머물 데 없는 영원한 미아가 될 것 같다. 그래선지 도쿄의 까마귀 소리, 서울의 까치 소리가 자꾸만 들려온다. 텃새라고 명명한 운명을 지키게 해달라는 애원의 울음으로 들린다.

스마트 시대, 가로수도 춤추는

'스마트'란 외래 낱말이 '문명의 파도'를 탄다. 과학에 힘입어 새 기능을 가진 첨단 기계와 시설물이 그러하다. 스마트폰·스마트 가로등·스마트 전기차 ….

최신 스마트폰이 시선을 끈다. '갤럭시(A8)'란 기종이다. 새로운 카메라 기능, 혁신적인 디자인, 그리고 다양한 역할을 하는 특징이 있다. 특히 자동카메라를 즐기는 젊은 소비자를 위해 갤럭시 스마트폰 중 최초로 1600만 화소畵素와 800만 화소의 기능을 겸비한 손전화다.

지난해 갤럭시 노트에 처음 적용한 '라이브 포커스Live focus'를 지원, 촬영 시는 물론 촬영 후에도 원하는 만큼 배경을 흐리게 처리할 수 있다. 입체감 있는 자동 사진 촬영이 가능하게 된 혁신적인 전화기다.

스마트폰만치 편리한 도구가 또 있을까. 손에 안기는 감촉이 보드라운 그 손전화가 별별 역할을 다한다. 사전·회원 카드·다이어리·필기구·사진기·내비게이션·만보기·알람기·메신저(전달자) 등등.

헤아릴 수 없는 기능을 '앱'이란 메뉴에 내장하고 있다. 똑똑한 손전화다. 길에서도 산에서도 통화할 수 있는 소통의 명수다.

종래 어깨에 메고 다니던 무거운 카메라를 대신하는 스마트폰은 실시간으로 촬영한 사진을 국내외 여러 사람이 공유할 수 있다. 많은 사람에게 게임과 음악도 즐길 수 있게 함으로써 손에서 놓지 못하게 하는 마력이 있다. 남녀노소 할 것 없이 손에 손에 스마트폰을 들고 있는 까닭이다.

가로등도 '문명의 파도'를 탄다. '스마트 가로등'이라고 한다. '센서'라는 '과학의 힘'은 스위치 기능을 앗아 갔다. 날이 어두워지면 스스로 불을 켠다. 밝기도 조절한다. 주변 교통량까지 분석한다. 알람으로 범죄도 예방하는 새 기능을 가지고 있다. 주변 밝기에 따라 자동으로 빛의 세기를 조절해 에너지 효율을 높여주는 역할도 한다. 스마트하다. 키가 크지만 싱겁지 않다.

날로 진화한다. 최근엔 한발 더 나아가 방범용 시시티브이CCTV와 와이파이 서비스도 제공한다. 주변 소음을 수시로 점검하고 유동 인구를 파악해 도시 정책 수립에도 기여하고 있다. 이처럼 똑똑한 가로등이 시민의 든든한 도우미 역할을 한다. 시민에게 나는 무엇을 얼마나 도움 주는 존재일까? '스마트 시대'에 똑똑한 시민이 돼야 할 당위성을 알려주는 가로등이다. 하다못해 '스마트폰'을 보면서 걷는 건 위험합니다'란 팻말을 들고 서는 역할이라도 할 수 있을 테니까.

광주광역시도 팔을 걷어붙인다. 가로등에 카메라를 장착한다. 2016

년부터다. 블랙박스 역할과 스스로 긴급 구조 요청을 할 수 있는 시스템, '빛고을 스마트 가로등'이라고 부른다. 현재 3,300개의 스마트 가로등이 서 있고, 올해 1,150개를 추가로 설치할 예산(3억 원)을 짰단다.

질세라 차도 시동을 건다. '스마트해져야 한다'며 시험 운전을 한다. 공해 없는 전기차다. 2017년 12월 21일 미국 CNN방송이 보도했다. "2018년부터 전기차가 호기심으로 사는 틈새 상품이 아니라 필요해서 구매하는 상품이 될 것이다"라고.

이제 도로가 전기화하는 전환점을 맞게 된다. 전기차의 가격·주행거리·실용성 등이 소비자 욕구에 본격적으로 부합하는 해가 될 것이라고 한다. 올해는 충전 인프라 구축과 개선된 주행거리(1회 충전 300~500km), 그리고 낮아진 가격 등으로 전기차가 주력 자동차로 개화開花할 것이란 기쁜 소식이다. 발 빠르게 현대차그룹은 지난 1월 15일부터 전기차 예약 판매를 시행하고 있다. 나도 미구에 전기차 승객이 될 것 같다. 은근히 기대한다.

차 업계는 경쟁적으로 전기차 출시 로드맵을 발표하고, 차량용 배터리 개발에 나서는 등 시장을 선점하고자 치열한 경쟁을 벌이고 있다. 현대자동차그룹이 미국 자율주행 전문 기업 오로라Aurora와 손잡고, 2021년까지 운전자가 필요 없는 자율주행차를 상용화한단다.

또한, 현대차그룹과 오로라는 이와 같은 자율주행 기술을 시험할 '스마트 시티smart city'를 선정해 운영 수순을 밟고 있다. '스마트 시티'는 이들이 보유한 최신 사물인터넷IoT 기술을 실제 도로상에 구현하는 도시가 될 것이라고 한다. 차량은 자율적으로 운행되고 환경은 자동으로 조정되는 도시. 오염 없는 깨끗한 도시에서 살아갈 날이 눈앞에 다가오고 있다. 가장 반기는 건 가로수일 거다.

기술의 진전은 시대의 깃발이다. '편리한 세상'으로, '맑은 세상'으로 숨 가쁘게 달린다. 스마트폰 · 스마트 가로등 · 스마트 전기차 · 스마트 시티로. 모두가 똑똑해져 가는 '스마트 시대'에 나도 '스마트한 인생'을 살아가야 하지 않겠는가? 그렇다. 수명도 길어져 가고 스마트해야 할 역할도 많아져 간다. 똑똑한 삶, 스마트폰만치 다양한 역할을 할 수 있는 능력 배양, 문득 할 일이 많은 '스마트 시대', 얼마나 좋은 세상인가!

'문명의 파도'는 나에게만 밀려오는 게 아니다. 가로수도 좋은 세상을 맞이한다. 어느덧 여의도에도 벌들이 윙윙거린다. 활짝 핀 벚나무 가로수가 말해 주는 듯하다. "썰물처럼 찾아온 연인들이 수시로 셔터를 눌러 1600만 화소로 곱게 촬영한 내 얼굴을 여러 사람이 공유하게 될 것이다. 가장 가까운 이웃, 가로등도 날로 똑똑해져 간다. 눈이 맵던 매연의 거리에도 전기차가 싱싱 달려 공기도 한결 맑아질 것이다"라고. 창문 너머 벚나무 가로수도 둥실둥실 춤을 춘다. 기쁜 일이다. '스마트 시대' 만세, 만만세.

도전이 준 영광

도전은 영광의 씨앗인가. 발에 세 겹의 물집이 잡히도록 도전하여 자신의 영광뿐만 아니라 많은 사람에게 희망의 신드롬을 몰고 온 이야기.

정현, 혈기 왕성한 스물두 살의 체육대학 학생이다. 세계 테니스 랭킹 오십팔 위로 희망의 끈을 놓지 않은 강한 도전자다.

그가 테니스를 시작한 것은 시력이 고도의 근시·약시 때문이었다. 테니스 코트가 시력에 좋다는 초록색이어서 뛰어든 운동이었다. 두꺼운 안경을 쓰고도 교정시력은 0.6밖에 되지 않았다. 경기 중 흘러내리는 땀을 닦기 위해 안경을 여러 번 벗었다, 썼다 하였다.

돌이켜보면 정현은 19세에 세계 랭킹 51위에 오른 유망주였다. 그러나 불안한 서브와 약한 포핸드* 탓에 점차 승리보다 패배가 많아져 100위권 밖으로 밀려났다. 급기야 2016년 4개월간 투어를 중단하자 "소리소문없이 사라지는 테니스 유망주 중 하나"라는 조롱까지 들었다.

그러나 '지독한 연습 벌레'라는 말을 들을 정도로 엄청난 땀을 흘린 끝에 서구인보다 불리한 체격과 일찍 찾아온 슬럼프를 극복할 수 있었다. 코트에서 흔들리지 않는 강인한 정신력과 코트 밖에서의 당당하고 여유 있는 태도 역시 좌절을 딛고 꾸준히 노력한 결정結晶이었다. 가다가 멈추기를 쉽게 하는 내게 귀감이 되었다.

불리한 여건, 신체적 약점에 대한 정면 도전을 했다. 그의 스트로크가 그 누구의 것보다 강하고, 위력적이며, 감동적이었던 이유가 여기에 있었다. 부족한 '시력'과 불리한 '체격'을 끌어올리려는 힘이 테니스 라켓에 실리지 않았을까? 아마도 '그랬을 거다.'

그의 도전과 강한 스트로크는 기적을 낳았다. 세계 4대 테니스대회 호주오픈 남자 16강전에서다. 세계랭킹 4위 알렉산더 즈베레프(독일)를 2 대 3으로 이기고, 세계랭킹 14위인 노바크 조코비치(세르비아) 선수를 접전 끝에 3 대 0으로 꺾었다. 한국 테니스 사상 처음으로 그랜드슬램* 8강에 진출한 이변을 연출했다. 불굴의 그 투지와 힘찬 스트로크가 내게 침을 콕콕 찔러주는 듯했다.

이어서 8강전에서 미국의 테니스 샌드그렌(27)을 세트스코어 3 대 0으로 완파하여 메이저 4강에 올랐다. 한국 테니스 사상 최초의 영광스러운 위상이었다. 우리의 신예가 이번 대회에서 세계 상위 선수를 잇달아 꺾은 모습은 비단 우리나라뿐만 아니라 전 세계 팬들에게 희망과 용기를 주기에 충분했다.

4강전 하루 전날 로이터통신이 전한 기사 제목을 보자. '정현이 빅

4(상위 4위)의 시대를 끝낼 수 있을까?' 빅4는 로저 페더러(37 · 스위스), 라파엘 나달(32 · 스페인), 노바크 조코비치(31 · 세르비아), 앤디 머레이(31 · 영국)를 지칭한다. 지난 14년간 세계 남자 테니스는 '빅4의 시대'였다. 이번 호주오픈에서 4강까지 오른 정현이 빅4를 밀어낼 파도로 꼽히는 데는 이유가 있다. 일단 젊다. 스트로크가 강하다. 도전의 패기가 남다르다. 현재 30대인 빅4는 기량의 정점을 지나고 있는 데다 부상도 잦다.

또한, 호주오픈 홈페이지는 정 선수를 '미래의 별'로 봤다. '나무통처럼 단단한 다리와 유쾌한 미소를 가진 한국의 신예 정현이 일본의 니시코리 게이錦織 圭(24위)에 이어 세계 테니스 판도를 바꾸려 하고 있다'고 전했다. 이처럼 정 선수가 이번 테니스 대회에서 선풍적인 인기를 끈 데는 경기 실력 못지않은 뛰어난 영어 인터뷰 능력도 한몫했다.

영국 신문 <가디언> 기자가 8강전 직후 코트에서 마이크를 정 선수 입에 가져다 댄다. "로저 페더러(스위스)와 토마스 베르디흐(체코) 중 4강전 상대로 누굴 원하느냐?"는 질문에 "반반"이라고 답한 그의 위트를 놓고 "외교관급 화술"이라고 칭찬했다. 재치 있는 답변으로 강한 인상을 남겼다. 정 선수 앞에 카메라가 모이는 이유였다. 테니스가 서구의 운동이기에 영어공부도 게을리하지 않았던 철저한 노력파였다.

그는 뉴스의 정점에서 4강전 코트에 섰다. 세계 랭킹 2위인 스위스의 로저 페더러(37)와의 준결승전. 테니스 팬과 세계 시청자의 눈은

이 경기에 몰렸다. 1세트를 1 대 6으로 내준 정현은 2세트 도중 왼쪽 발바닥 부분에 응급 치료를 받았지만, 결국 경기 시작 1시간 3분 만에 게임 점수 2 대 5로 뒤진 상황에서 기권했다.

정현은 호주 오픈 1회전부터 4강전까지 6경기 내내 발에 칼을 대고 물집을 터뜨려가며 경기한 것으로 확인됐다. 사흘 전 8강전에서 도진 왼발의 물집이 악화한 때문이었다. 진통제를 맞았지만, 발의 통증을 잡지 못했다. 그만큼 부푼 물집이었다. "시퍼렇게 멍든 생살이 찢기는 듯 아팠다"고 했다.

대회 주치의가 전했다. "물집 안에 물집이 있고, 그 안에 또 물집이 있다"라고. 손승리(43) 코치는 "생살이 파여 뼈가 보일 정도였다. 더 무리했으면 뼈까지 상할 뻔했다"라고 말했다. 얼마나 발에 힘을 주고 뛰었기에 발바닥도 견뎌 내질 못했을까?

안타깝고 아쉽다. 결승전까지 가는 그의 경기를 볼 수 없음이. 그동안 한 발 한 발 한국 테니스 역사를 새로 써가는 그의 여정을 벅찬 가슴으로 지켜보며, 고단한 일상을 잊을 수 있었는데, 나를 뒤돌아보면서 자책할 수 있었는데….

멈춤이 끝이 아닌 정현은 이번 호주 오픈 대회에서 많은 성과를 올렸다. 남자 프로테니스 단식 순위점수 720점을 확보하여 세계랭킹 58위에서 29위로 껑충 뛰어올랐다. 한국 테니스 선수로는 역대 최고 순위였다. 또 상금 88만 호주달러(약 7억5,600만 원)를 획득했다. 그뿐만이 아니었다. 햇빛이 멀기만 하던 우리에게 '도전하면 된다'는 희망과 용기를 심어줬다. 내게도 주먹을 불끈불끈 쥐게 했다. 그의 4강사진도 기어이 내 책꽂이에 세우게 했다.

책상에 앉을 때마다 그 사진을 쳐다본다. 생각하게 한다. 도전하지 못하고 머뭇대는 게 무엇인지를, 정현 선수의 '도전과 영광을.'

*포핸드(forehand): 테니스·탁구 따위에서, 팔을 뻗은 채로 공을 치는 타구법.
*그랜드슬램(grand slam): 테니스에서, 네 개의 토너먼트 대회인 프랑스 오픈, 호주 오픈, 윔블던 대회, 전미 오픈에서 한 선수가 한해에 모두 우승하는 일.

그리움은 기다림이다

'빨리빨리' 문화가 스마트폰을 만났다. 둘이서 꽃을 피웠다. 스마트폰에 피어난 꽃, '인스타그램'이 연분홍 추억을 불러온다.

인스타그램 Instagram, 그 꽃이 인기다. 너나없이 손에 들고 다니는 스마트폰의 새 기능이다. 사진을 찍어 다른 사람이나, 친구 연인과 공유한다. 미국에서 꽃피운 소셜미디어의 라이브 서비스다. 케빈 시스트롬 Kevin Systrom(1984~)과 마이크 크뤼거Mike Krieger(1986~)가 내어놓은 획기적인 '사진 소통' 수단이다.

'빨리빨리'가 가속하여 '즉석'이 됐다. 느림보다 빠름에 능한 우리네 삶에 맞아떨어진 결과다. 즉석카메라instant camera와 빛의 속도로 날아가는 전보telegram의 단어를 합성해 만든 말이 인스타그램Instagram. 현장에서 찍은 사진을 다른 곳에 있는 이와 바로 나눠 볼 수 있고, 각종 필터를 통해 사진에 색깔과 효과를 덧입힐 수 있는 게 특징이다.

색깔만 덧입히는 게 아니다. 찍은 사진 밑이나 곁에 글을 쓴다. 자기 생각, 감정, 느낌, 바람 등의 메시지를 캡션처럼 달아 보내는 '즉석 편지', '즉석 연서'다. 이를테면 해변에 홀로 선 자신의 인증사진을 찍어 '나 외로워'란 메시지를 달아 보낸다. 사진을 받는 사람이 상대의 심정을 읽게 한다. 수시로 일거수일투족의 사진을 송수신하여 즐긴다. 온종일 핸드폰을 손에서 떼지 못하는 이유다.

그뿐만 아니다. 말을, 그리움의 속내를 사진에 표출한다. 때때로 자신의 표정을 사진에 담기도 하고 사진 색깔로 감정의 농도를 나타내기도 한다. 그리하여 연인에게 살짝 보낸다. 비단 연인끼리만이 아닌 인스타그램이다.

'이렇게 간단한 걸 밤새도록 끙끙 앓았을까!' 조금 늦게 태어났더라면 인스타그램으로 내 마음을 쉽게 전할 수 있었을 것을 그랬다는 생각이 든다. 하지만 그리움은 마음 졸이는 기다림의 시간에 비례하여 짙어지는 법. 속절없이 빠른 소식이 늘 좋은 것만은 아닌 듯하다.

까까머리 중학생 시절이다. 여학생 얼굴만 봐도 볼이 붉어지던 그때의 내 모습이 몽상夢想처럼 슬그머니 떠오른다. 반세기 훨씬 전이다. 문방구에 간다. 선 그어진 분홍색 편지지를 산다. 국내외 유명 작가의 문장에서 고운 말을 골라 속말을 빗대 쓴다. 쓰고 찢고를 반복한다. 밤새도록 그런다. 그토록 정성 들여 쓴 편지 속에 명함판, 초상화 같던 상반신 흑백 사진을 넣는다.

보낼까 말까 주춤거리다가 우체국에 간다. 가면서 몇 번인가 꺼내 보던 그 편지의 사연. 우체국에서 봉투에 풀 부치기 전에 또 한 번 열어보던 그 연서와 사진, 그때의 여린 마음이, '연분홍 추억'이 그립다. 못내 아쉽다.

답이 언제 올지 손꼽아 기다린다. 고갯길 저 너머에서 걸어오는 우체부를 바라보곤 한다. 그러던 중 달포 만에 노란 봉투를 두 손으로 받아든다. 떨리는 손으로 봉투를 연다. 콩닥콩닥 뛰던 내 가슴의 박동이 인제 와서 새삼스레 그리운 건 웬일일까. 기다리는 시간만큼이나 그리움이 눈처럼 쌓여가기 때문일 거다.

꽃으로 다가온 '인스타그램'에서 그런 그리움을 느낄 수 있을까. 기다림 없이 염원의 활화산活火山 없이 즉석에서 주고받는 인스타그램의 반사 효과일까. 달포 동안 기다리며 마음 졸이던 그날의 조마조마한 마음을 다시 한번 느껴봤으면…. 그리움은 기다림이지 싶다.

묵은 갈대

초판발행 2018년 4월 20일

지 은 이 장 병 선
펴 낸 이 김 진 수
펴 낸 곳 **한국문화사**
등 록 1991년 11월 9일 제2-1276호
주 소 서울특별시 성동구 광나루로 130 서울숲IT캐슬 1310호
전 화 02-464-7708
팩 스 02-499-0846
이 메 일 hkm7708@hanmail.net
홈페이지 www.hankookmunhwasa.co.kr

책값은 뒤표지에 있습니다.

ISBN 978-89-6817-615-9 03810

이 도서의 국립중앙도서관 출판예정도서목록(CIP)은 서지정보유통지원시스템 홈페이지(http://seoji.nl.go.kr)와 국가자료공동목록시스템(http://www.nl.go.kr/kolisnet)에서 이용하실 수 있습니다.(CIP제어번호: CIP2018009079)